# 爆笑 テストの珍解答 選

テストは怖い！
テストはムズイ!!
テストは慌てて答えが出ない!!!
あまりのアホさに腹がよじれるものから
「俺も同じミスしたなぁ……」と思わず
納得しちゃうものまで。中間・期末テストの
爆笑問答をお楽しみ下さい
※現役生の皆様は、そのまんま暗記されないようご注意を

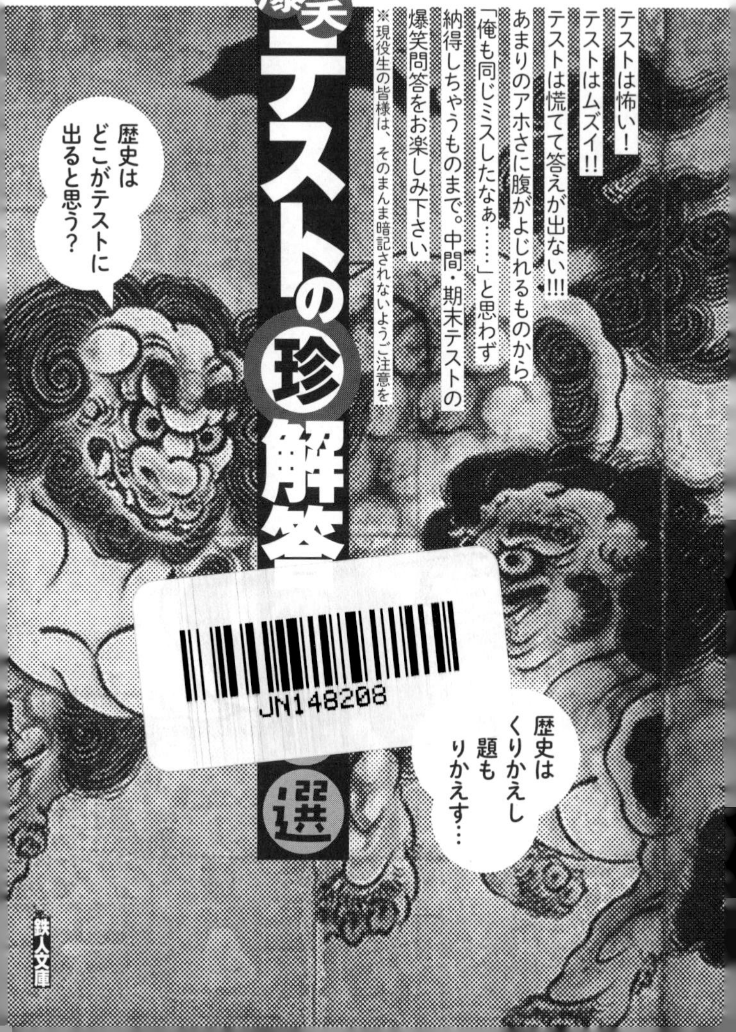
歴史はどこがテストに出ると思う？
歴史はくりかえし 題も りかえす…



鉄人文庫

# もくじ

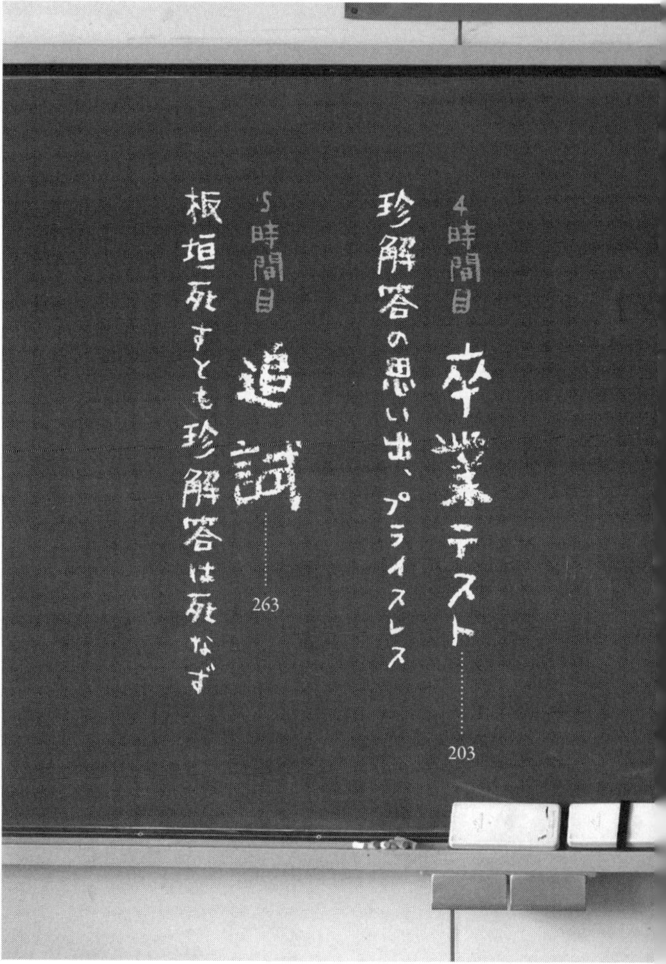

〈コラム〉

## 1時間目

# 実力テスト

### 珍解答はダメよ、ダメダメ♪

鑑真　753年、唐から来日。失明や妨害などの度重なる苦難を乗り越え、日本で律宗の開祖となり、唐招提寺を創建した

問　この人物は、平家との戦いで活躍した源氏方の武将で、源頼朝の実弟でもある。名前を答えなさい。（東京都K中学校）

リーゼント✓

社会

正答

源義経

たしかに『牛若丸』と呼ばれた少年の面影は皆無ですが…。リーゼントの正体は烏帽子です

問　次の□部分を漢字にしましょう（北海道Y小学校）

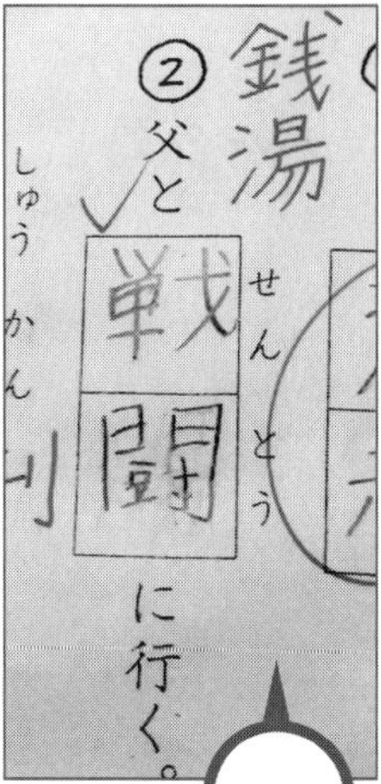


正答　銭湯

そんな戦闘好きな親子、いるわけ…！　あっ、孫悟空と孫悟飯のことか！

問　「ぎん」メダルを漢字で書くと？（？県？小学校）

正答　銀

これは下ネタぎりぎりセーフとしましょう

問　安倍政権の誕生と同時に進められた、株価や景気を向上させる経済政策のことを何というか？（香川県K高校）

アベノソックス

正答

アベノミクス

なんだかオジサンの臭いが漂ってきそうです

国語

**算数**

問　九九の『3×2』はなんでしょうか？

（？県？小学校）

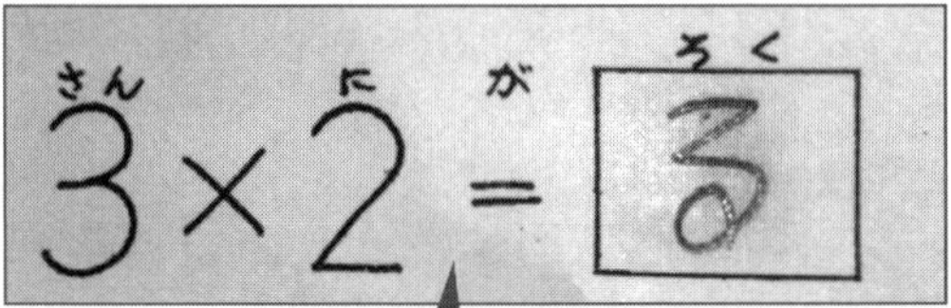


正答

6

「るぉく！」って発音すれば通用…しませんよね、やっぱり

**算数**

問　博多駅に行く道を教えてくださいませんか。

（？県？小学校）

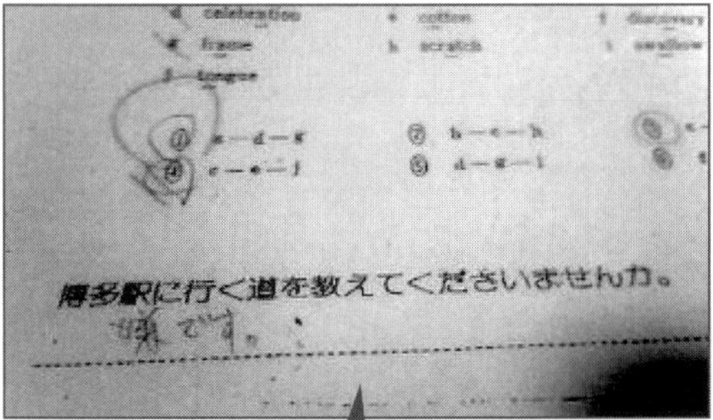


正答

不明

投稿者さん、「まさか問題だとは思わなかった」そうです。ツイてないね(＾o＾)

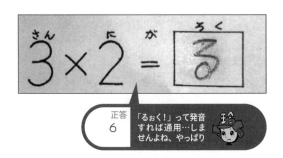

国語

問　方位をあらわす「とうざいなんぼく」を漢字にしましょう（？県？小学校）

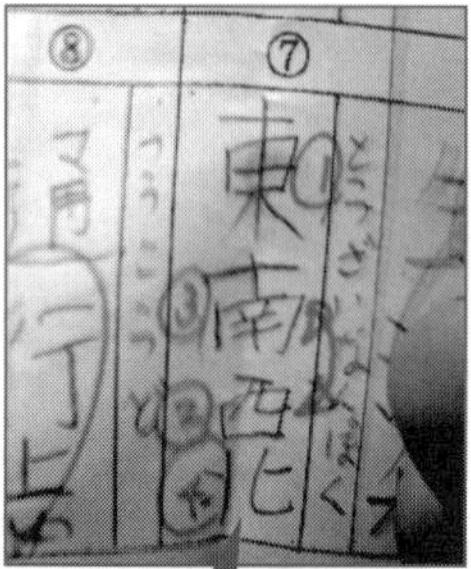


正答

東西南北

「ママのはこうだった！」と言い張ったそうです。お母さん、できれば御自宅での麻雀は控えて…

問　本能寺の変で明智光秀に殺害された戦国武将は誰か？（大阪府K中学校）

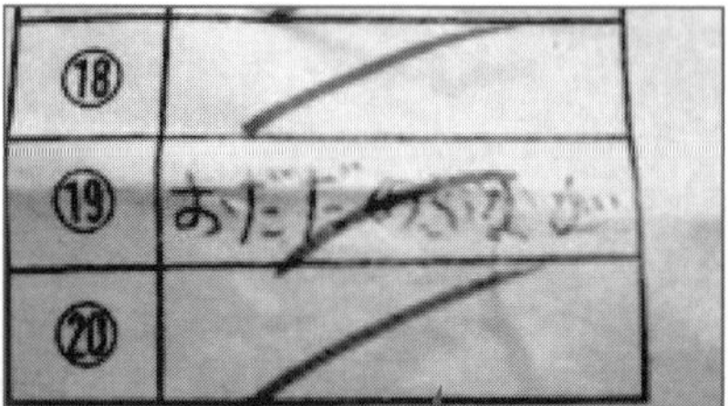


社会

正答

織田信長

「ワシが**織田だ信長**である！」やっぱりこれじゃあシックリ来ませんねぇ

社会

問　(3) のような幕府と武士の関係を何といいますか。(山口県K小学校)

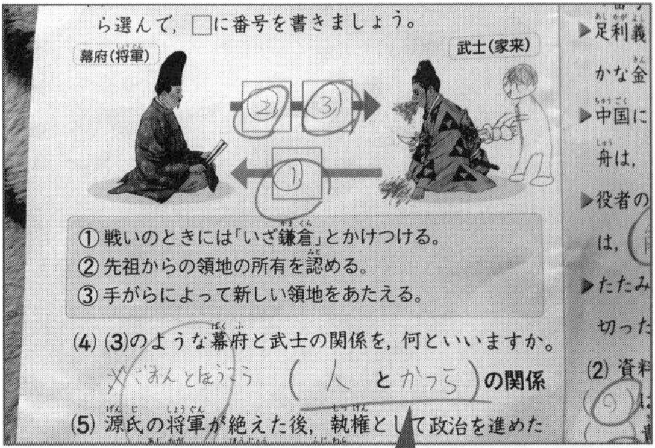
ら選んで，□に番号を書きましょう。

幕府(将軍《しょうぐん》)

武士(家来)

①戦いのときには「いざ鎌倉《かまくら》」とかけつける。
②先祖からの領地の所有を認《みと》める。
③手がらによって新しい領地をあたえる。

(4) (3)のような幕府《ばくふ》と武士の関係を，何といいますか。

ぶおんとほうこう　( 人 と かつら ) の関係

(5) 源氏《げんじ》の将軍《しょうぐん》が絶えた後，執権《しっけん》として政治を進めた

正答
御恩と奉公

他の問題はなかなかの正答率なのに、
なぜイキナリ〝かつら〟が出てきたのか。
イタズラ書きにうつつを抜かしすぎかも

体育

問　③に入る言葉を答えなさい。(北海道H中学校)

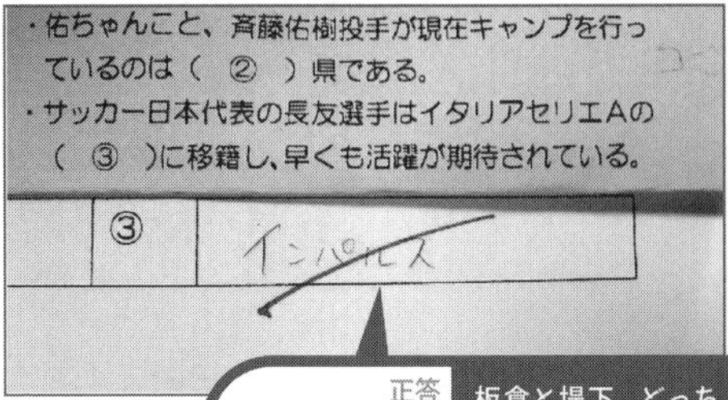
・佑ちゃんこと、斎藤佑樹投手が現在キャンプを行っているのは（　②　）県である。
・サッカー日本代表の長友選手はイタリアセリエAの（　③　)に移籍し、早くも活躍が期待されている。

| | | |
|---|---|---|
| | ③ | インパルス |

正答
インテル

板倉と堤下、どっち
のファンかな？　いや、
どっちも違うか

(3) 彼が来月ニューヨークに行くというのは本当か？

will go

Is it true that he ( go ) to New York next

(4) たとえ彼が来ても，私は彼に会いません。

Even if he ( come ), I will not see him.

せっかくＮＹまで行ったのに？
せめてお茶ぐらいしてあげてよ

# ここが変だよ 英語の教科書

文法や単語をムリヤリ押し込めるせいなのか、
英語のテストや教科書には、ときどき
“理不尽な問答”が登場します。
当コーナーでは、そんな例文を
取り上げていきたいと思います。
※原文は若干変更する場合があります

may [might] as

37 may [might] as well V1 as V2は「V 2するよりもV 1したほうがよ
の構文です。may [might] as well Vだけでも「Vしたほうがよい」と
ことができます。

正解英文 You might as well talk with a dog as talk with Robe

S V V'

訳 ロバートに相談するくらいなら犬に相談したほうがましだ。

## 理科

問　植物の葉のでんぷんを調べます。①で、湯を葉につけるのは、なぜですか。（千葉県○小学校）

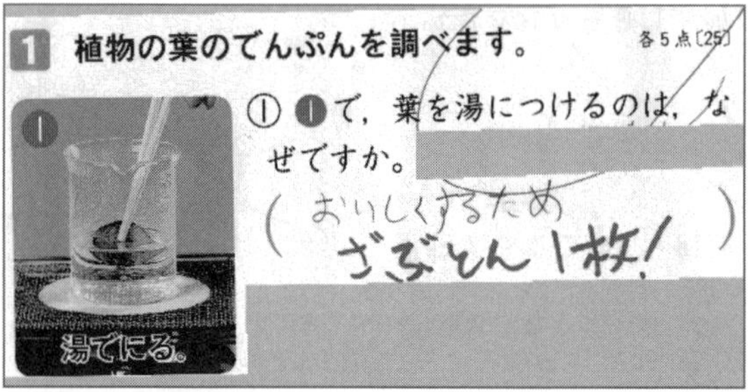
1 植物の葉のでんぷんを調べます。　各5点〔25〕

① ❶で，葉を湯につけるのは，なぜですか。

（おいしくするため）

ざぶとん1枚！



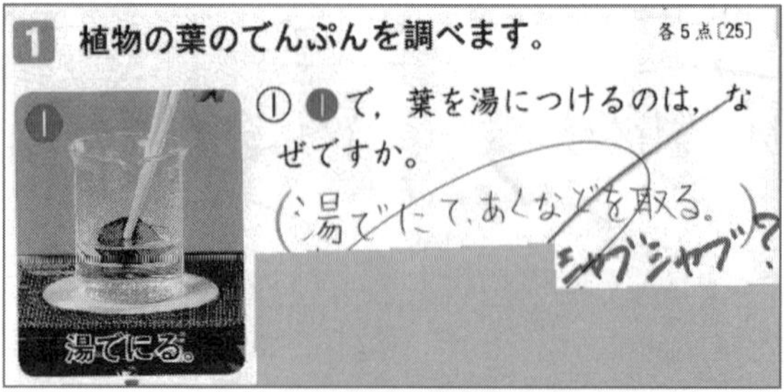
1 植物の葉のでんぷんを調べます。　各5点〔25〕

① ❶で，葉を湯につけるのは，なぜですか。

（湯でにて，あくなどを取る。）

シャブシャブ？



正答

葉をやわらかくするため

随分と食いしん坊なクラスですなぁ。ただ、それを一番喜んでいるのは先生のような気もします

## 問　カタカナを漢字に、漢字をひらがなに直せ。

（千葉県C高校）

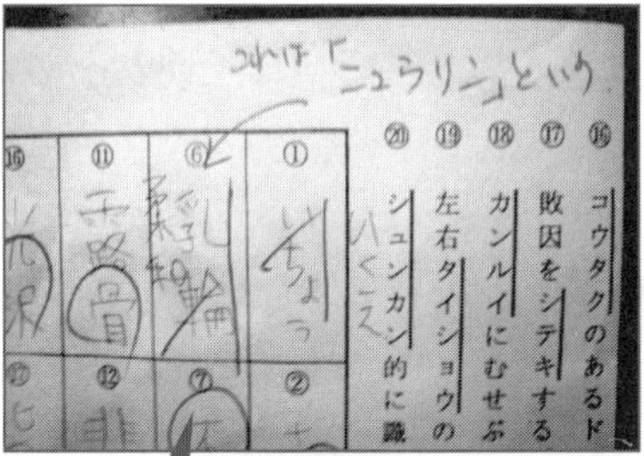


国語

正答

柔和

先生の訂正文が、心なしかウキウキしているのは気のせいでしょうか

## 問　スポーツ用品でどんな工夫があったら、そのスポーツ観戦が盛り上がると思いますか。

（兵庫県M小学校）

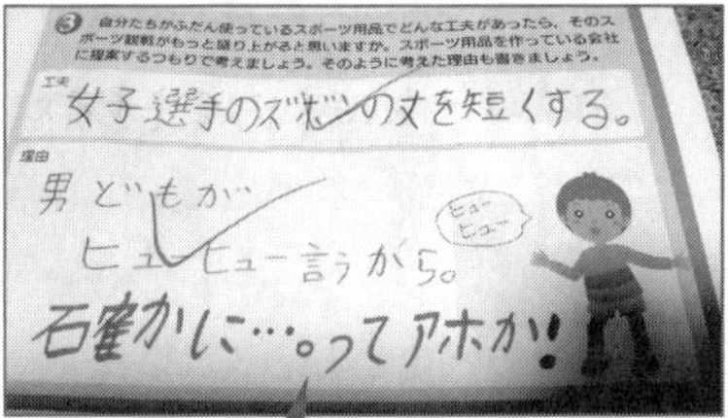


保健体育

正答

略

先生も乗っちゃった！
ヒューヒュー！

**英語**

問　『I am busy now.』を日本語に訳しなさい。

（山形県T中学校）

私はブスかわいい

正答

私は今忙しい

bus（ブス）とy（ワイ）で
ブスカワイイと考えちゃった
とのことです。前向きです

美術

問　貝・ガラス・石などを壁にはめ込み、絵画や図案を表した、ビザンツ様式の一つである下記の装飾を何というか。（？県？中学校）

正答
モザイク壁画

ルネッサンスなイメージですよね。このモザイク壁画がその時代のものかわかりませんが、とにかくそんな感じ

理科

問　種子にふくまれている養分は、どんなことに使われますか。（神奈川県〇中学校）

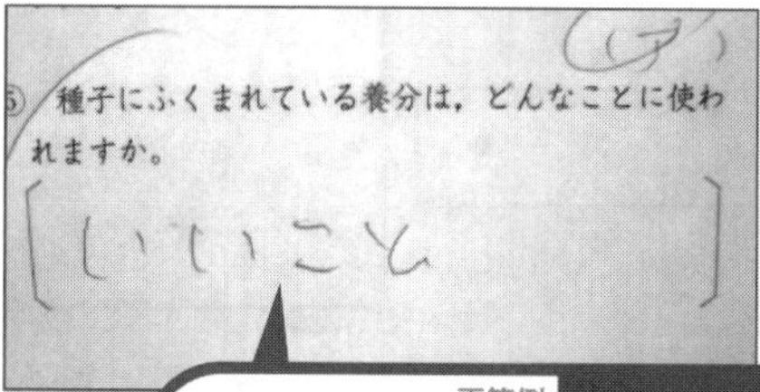


正答例
新芽の成長
などに使われる

ボランティアしたり、寄付したり

社会

問　消防しょの人が、24時間交たいで働いているのは、なぜですか。（千葉県？小学校）

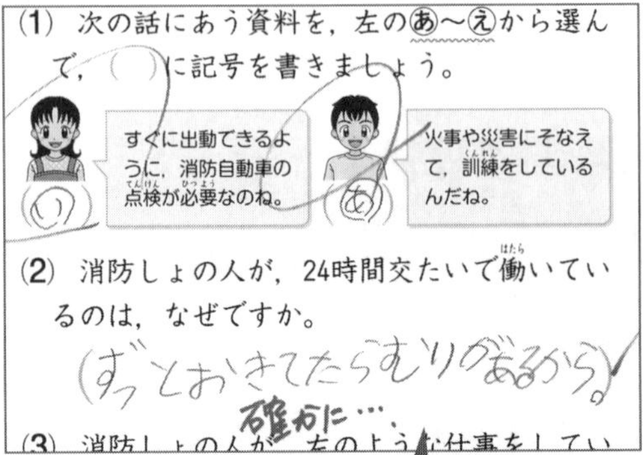
(1) 次の話にあう資料を，左のあ～えから選んで，(　)に記号を書きましょう。

すぐに出動できるように，消防自動車の点検《てんけん》が必要《ひつよう》なのね。
(い)

火事や災害にそなえて，訓練《くんれん》をしているんだね。
(あ)

(2) 消防しょの人が，24時間交たいで働《はたら》いているのは，なぜですか。

(ずっとおきてたらむりがあるから。)

確かに…

正答
緊急時にすぐ出動
できるようにするため

火事の現場で居眠りしたらシャレにならんもんねー

問　日本語になおしなさい。（福岡県まるるさん）

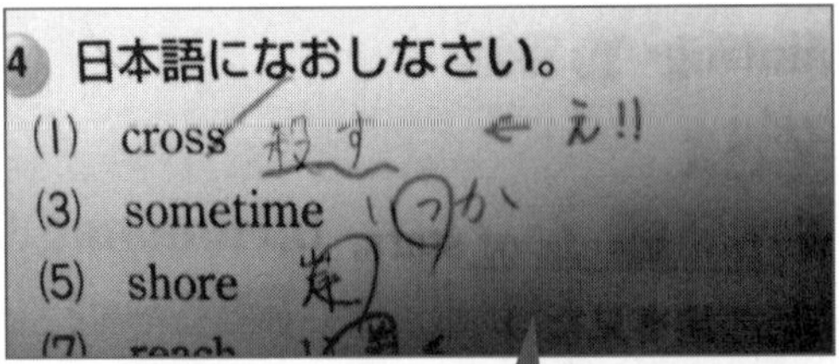
4 日本語になおしなさい。
(1) cross 殺す ← え!!
(3) sometime いつか
(5) shore 岸

正答
十字架・横断する

怖いです！

英語

問　この肖像画は、幼少の頃から天才と呼ばれ、生涯で約1000曲の作曲をしたと言われるオーストリアの音楽家である。この音楽家の名前を答えよ。（神奈川県K高校）

音楽

阿部サダヲ

正答

モーツァルト

たしかに、オッサン臭い顔してますよね。身体のバランスが悪いのは子供だからかな

問　傍線部の漢字の読み方を書きなさい。（北海道H中学校）

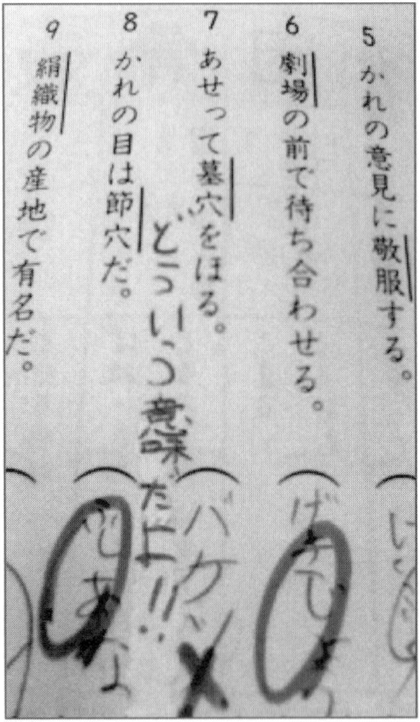
5 かれの意見に敬服する。
6 劇場の前で待ち合わせる。
7 あせって墓穴をほる。
8 かれの目は節穴だ。
9 絹織物の産地で有名だ。
どういう意味だよ

ぼけつ

正答

先生、ちょっと楽しそう

国語

問　次の漢字の読み方を書きなさい。（愛知県N小学校）

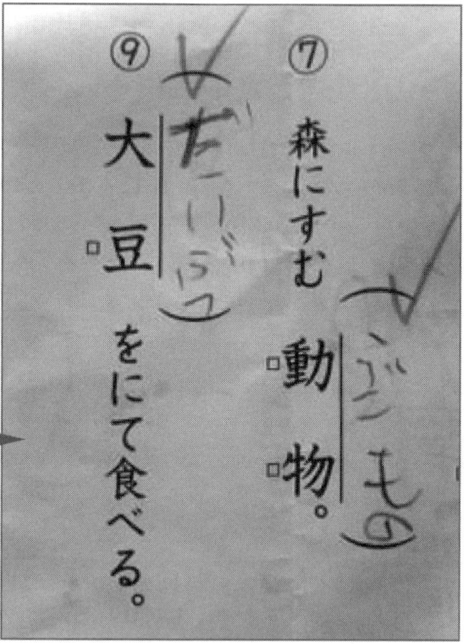


正答
⑦どうぶつ
⑨だいず

奈良か、それとも鎌倉か？　煮て食べるなら、巨大な釜が必要になりそうです。釜揚げ大仏…怖い…

**理科**

問　リトマス紙を酸性の液体にひたすと、どうなるでしょうか？（東京都M小学校）

濡れる

正答

赤くなる

たしかに…

**国語**

問　トリは一わ二わとかぞえ、ムシは一ぴき二ひきとかぞえます。では、ウマはどうやってかぞえますか？（兵庫県H小学校）

一ちゃく、二ちゃく

正答

一とう、二とう

お父さん、土日に競馬場ばかり行かずUSJにでも連れてってあげなさい

問　中国の魏志倭人伝に記されていた邪馬台国は、占いを司る女王に統治されていた。その女王の名は？（宮城県T中学校）

くみこ ✓

社会

正答
卑弥呼《ひみこ》

『○みこ』ってことは覚えちゃいるが、○に入る文字がどうしても思い出せない。あみこ、か？　いや、違う。いみこ…、違う。うみこ………。あっ、『くみこ』だ！　わが校のアイドルも、くみこちゃんだし‼

**国語**

問 ひとりになったふくろうくんは、なみだでおちゃをいれようとしました。このときの、ふくろうくんのきもちをこたえましょう。（埼玉県S小学校）

② ふくろうくんのきもち

こたえ
ほぉーほぉほぉ
ほぉほぉほぉ
ほぉーほぉほぉほぉ

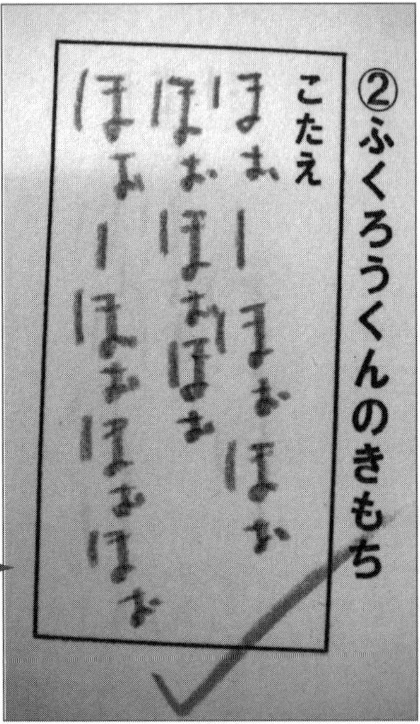

**正答例**
ひとりぼっちで
かなしい、など

**珍**
ふくろうくんに感情移入しすぎて、なぜかバルタン星人になっちゃいました

問　琵琶を引きながら『平家物語』などを弾き語りする僧侶のことを何という？（東京都Ｓ高校）

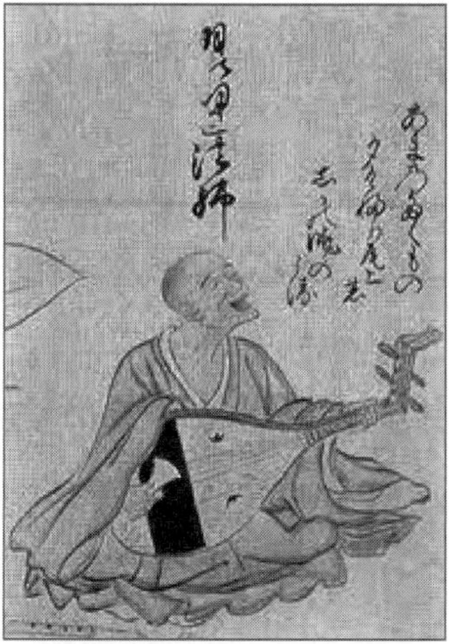

長渕剛

正答
琵琶法師

ちゃんと聞かないと長渕キックが飛んできます

社会

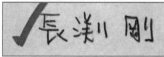

問　バスケットボールをする時、手でボールをつくことを何といいますか？（大阪府K中学校）

つきゆび

正答

ドリブル

アイタタタ

体育

理科

問　ヘビやカエル、カメなどの変温動物や一部の恒温動物(クマなど)でも、冬季になると(　ア　)をする。アに入る語句を記せ。（岡山県A中学校）

自　殺

正答

冬眠

寝てたと思ったら死んでたの？　んなわきゃーない

問　次のカタカナ部分を漢字に直しなさい（岡山県T中学校）

①政治家のオショクジケン

（お食事券）

正答　汚職事件

テストの最中は、確かに腹が減るもんです

②電車がユレル

（淫れる）

正答　揺れる

エロい事も自然と頭に浮かびますな

③W杯でTVのジュヨウが増えた

（女優）

正答　需要

TVに出るのは女優ですもんねー

④夏の夜は蚊がウルサイ

（暴走族い）

正答　五月蠅い

大都会警察24時かいな。イメージは間違っちゃいないけど

問　ハンバーグを作るときに玉ねぎは入れますか？　また　その場合、どんな切り方をしますか？（秋田県K小学校）

いれる

こっぱみじん切り

家庭科

正答
いれる
みじん切り

五右衛門みたいなカーチャンです

問　この人物は『非暴力、不服従』という信条をもってインドを独立に導いた指導者である。名前を答えよ。（静岡県M小学校）

社会

からあげちゃん

正答
ガンジー
（マハトマ・ガンジー）

これこれ、インド独立の父に向かって何を言うんじゃ

問　『万博』を省略せず、正しい語句で記しなさい。
（東京都Ｅ中学校）

（　万カ博士　）

正答
万国博覧会

万カに超詳しい
博士ってなんだ
かカッコよくない

問　日本は南極に観測隊を送り、何をしたか？（北海道Ｎ中学校）

（　タロとジロを
置いていった　）

正答
昭和基地を建て、
気象や地質の観測を行った

それは言わないであ
げて〜。切なかった
のは皆同じ（´・ω・`）

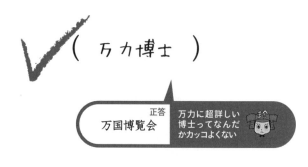

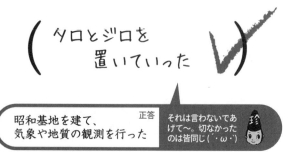

問　カモメ、ワシ、アホウドリ、ペリカンなどの生物を分類すると、どんなグループになるか。

（神奈川県A中学校）

魚をのみこむ

正答
鳥類

そう来たか。でも、魚の身を突っつく鳥もおるんじゃないの？

問　下記の文章は植物の働きを示したものです。（　　　）の中に入る、適切な語句を答えなさい。（広島県N中学校）

二酸化炭素→（左から右へ受け流す）→酸素

正答
光合成

一発芸人ムーディー勝山。有吉先生みたいな、もう一発を期待しております

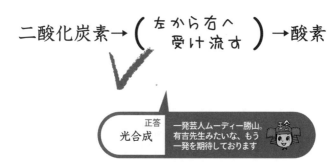

問　英雄と呼ばれたナポレオンは1804年に即位式を行い、「フランス人民の○○」となった。（千葉県Ａ中学校）

さ　け

正答
皇帝

ブランデーのことか、それとも下町のナポレオン『いいちこ』のことかな

社会

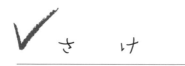

問　（　　）に正しい漢字を入れ、慣用句を完成させなさい。（東京都O中学校）

二階から（飛び降り）

※物事がうまくいかないこと

目薬

正答

ことわざの意味に釣られて解答したようです。まぁ、二階からなら死なないよね…

問　森鷗外の代表作を挙げましょう。（栃木県N中学校）

（森鷗外の中心で愛を叫ぶ）

『舞姫』『高瀬舟』など

正答例

位置的に小腸辺りでしょうか

問　月曜日から日曜日まで、英語で書きましょう。
（長崎県S中学校）

| 月曜日 | 火曜日 | 水曜日 | 木曜日 | 金曜日 | 土曜日 | 日曜日 |
| --- | --- | --- | --- | --- | --- | --- |
| monboy | tueboy | wedboy | thuboy | friboy | sataboy | sunboy |

正答

monday tuesday
wednesday thursday
friday saturday sunday

『day』の部分が全部『boy』になっておりますね、残念。しかし、dayが合ってても、正解は簡単に書ける『月曜、金曜、日曜』の3つしかないんですけどね。

英語

問　「とっさに」を用いて短文を作りなさい。（？県？小学校）

きのう
おとっさに
なぐられて痛かった。

正答例
子供が飛び出してきたので、とっさにブレーキを踏んだ。など

厳しい「おとっさ（お父さん）」ですね。方言かな？

## 算数

問　うつしとった面の形は、何という四角形ですか。

（栃木県○小学校））

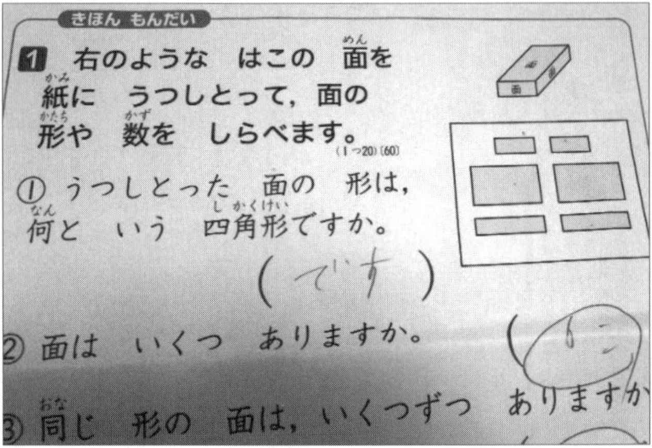

きほん もんだい
1 右のような はこの 面《めん》を
紙《かみ》に うつしとって，面の
形《かたち》や 数《かず》を しらべます。
(1つ20)(60)
① うつしとった 面の 形は，
何《なん》と いう 四角形《しかくけい》ですか。
（ です ）
② 面は いくつ ありますか。
③ 同《おな》じ 形の 面は，いくつずつ ありますか

正答

長方形

たしかに、四角形“です”、が…

問　あなたはどんな本が好きですか。理由も含めて書いて下さい。

（愛知県T小学校）

新しい本。高く売れるから

国語

正答

省略

ワンピースを買って即売り、みたいな？ 漫画って、何度も同じところを読んで新たな発見をする楽しみもあると思いますよ

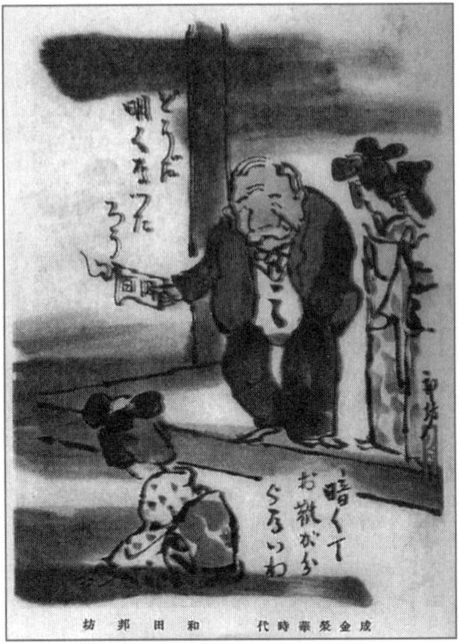


問　上記のイラストのように、第一次世界大戦の景気向上によって急激にお金持ちになった人を何というか？

（神奈川県Ａ中学校）

みのもんた

正答

成金（船成金など）

見た目もイメージもピッタリ合ってて、洞察力が素晴らしいです

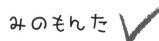

問　次の演奏記号の名称を答えよ。（秋田県M中学校他）

マジック
ポイント

正答
メゾピアノ

魔法は唱えません

パイナポー

正答
ピアニッシモ

なんで英語風？

フォー！

正答
フォルテ

勢いで押し切らないで

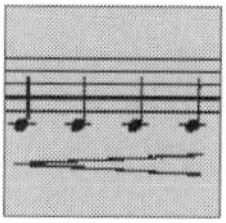

右大きく

正答
クレッシェンド

見たまんますぎ。もしかして…

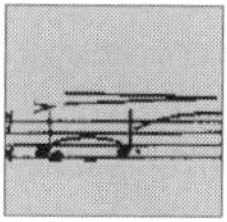

左大きく

正答
デクレッシェンド

やっぱり、こっちもか

グー!

正答
フラット

親指を立てた状態ってことね

い

正答
シャープ

井戸の井。これも、まんまやんけ

う

正答
八分休符

これは意表をつかれました

のびー

正答
スラー

もう勝手にして

ニンテンドー

正答
ダルセーニョ

指定された場所まで演奏を戻すという意味です

保健体育

問　長距離走では走りだしてからしばらくすると息苦しくなり、やがて楽になる。この苦しくなる地点をなんと言うか？（東京都Ｉ中学校）

ゼェゼェゼェ

正答
デッドポイント

逆に気持ちよくなるポイントはセカンドウィンドというらしいです。体験したことありませんが

問　ノルウェーなどの海岸で、海に面した部分が複雑に入り組んだ地形をなんと言うか？
（石川県Ａ中学校）

ドナルド

正答
フィヨルド

あの顔が並んでたら薄気味悪いってー

社会

国語

問　不可能や不思議など、『不』で始まる三文字の熟語は数多い。
では、『無』で始まる漢字三文字の熟語にはどんなものがあるか？（神奈川県A中学校）

（無人君）

正答例
無意識
無作法など

子供のうちから、サラ金なんて覚えちゃイカンぞ〜

国語

問　カタカナの部分を漢字に直しましょう。
（埼玉県M小学校）

タイシュウ食堂で食事をする

体臭食堂

正答
大衆食堂

臭う人しか入れない？　あるいはここで食事すると臭うようになる？　どっちにしろ、行きたくないよぉ！

問　「象」など、生き物などの形をそのまま漢字で表したものを「何文字」といいますか？
（？県？中学校）

絵文字

正答
象形文字

現代っ子ならではのミスですのぅ

社会

問　織田信長が明智光秀に殺された事件を何というか。

（埼玉県Ｓ小学校）

本能寺が変

正答
本能寺の変

ほ、本能寺が、どんな風になっちゃったの？

国語

問　最近の言葉遣いについて、次の問いに答えましょう。（？県？中学校）

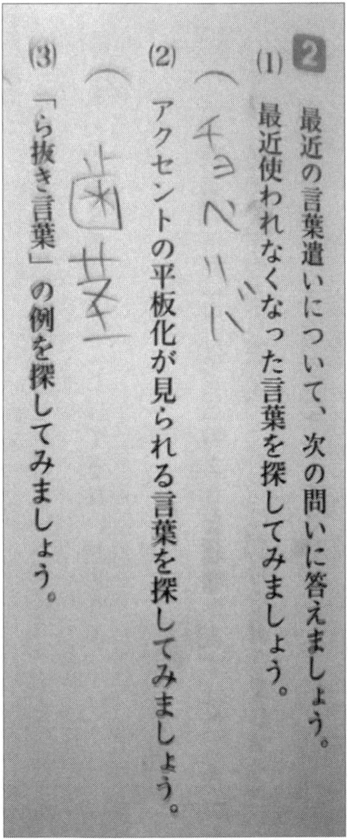
2
(1) 最近の言葉遣いについて、次の問いに答えましょう。
最近使われなくなった言葉を探してみましょう。
（チョベリバ）
(2) アクセントの平板化が見られる言葉を探してみましょう。
（歯茎）
(3) 「ら抜き言葉」の例を探してみましょう。

正答
省略

「チョベリグ～!!」もあったね。皆さんも発声してみてください。とても恥ずかしいです

問　ことわざ・慣用句の問題です。次の空欄に適切な語句を埋めなさい。（福岡県N高校）

①人は土壇場になって初めて（首）をくくる。

【ヒント】固く決意をするという意味です。

正答　腹

死んじゃいます

②清水の（港）から飛び降りるつもりで就職面接を受ける。

【ヒント】①と意味の似た慣用句で重大な決意を表す。

正答　舞台

マグロ漁船にでも乗らされるんかいな

③金を返せと言われても、無い（ナイ）は振れません。

【ヒント】金銭的にどうにもならない状態を示す。

正答　袖

売れっ子のお笑い芸人が金に困るはずなかろうが

# ここが変だよ英語の教科書

文法や単語をムリヤリ押し込めるせいなのか、
英語のテストや教科書には、ときどき
“理不尽な問答”が登場します。
当コーナーでは、そんな例文を
取り上げていきたいと思います。
※原文は若干変更する場合があります

## ①JohnとBillの会話です

John : My finger was cut by knife.
Please take me a medicine box.
Bill : I'm sorry, I can't. Now I am reading a book.

John : 指をナイフで切ってしまいました。
クスリ箱を持ってきてくれませんか。
Bill : すいません、できません。今、私は本を読んでいます。

## ②Aさんの独白

A : I named her pochi.

A : 私は彼女をポチと名付けた。

## ③誰かの過去

Someone : I had a lot of money,but I spent all my money.

誰か : 彼はたくさんのお金を持っていましたが、全部使いきりました。

# ここが変だよ
# 英語の教科書

## ④Cさんと Dさんの会話です

C : I am afraid.
D : What's the matter?
C : Someone was standing in front of the classroom,and he was smiling.
D : Don't you know who he was?
C : I don't know.
D : He is Principal.

C : 怖いわ。
D : 一体、どうしたんだい？
C : 誰かが教室の前に立ってて、ニヤニヤ笑っていたの。
D : 彼は知らない人なのかい？
C : 知らないわ。
D : 彼は校長先生だよ。

どうやら変態っぽい校長先生のようです。
てか、Dさん、さっさと正体を教えてやれよ。
文章を読んでるこっちまで怖くなるがな

国語

問　次の傍線部の読み方を記せ。（東京都K中学校）

トビラの向こうに殺気を感じる

（コロッケ）

正答

さっき

殺『ころす』と気『け』が組み合わさったんすな。あるいはトビラの向こうから匂ってきたか

問　世界の三大人種を答えよ。（神奈川県Ｔ高校）

あか、あお、きいろ

正答
モンゴロイド（黄色人種）
コーカソイド（白色人種）
ネグロイド（黒色人種）

せめて、白、黒、黄色でしょうに…

問　ユーラシア大陸を走る、世界で一番長い鉄道の名称は？（神奈川県Ｔ高校）

銀河鉄道

正答
シベリア鉄道

テツロー！　メーテルー！　って、違います

問　ガスバーナーを使い終えた後は何をするか？
（秋田県Y中学校）

（ガス代を支払う）

理科

正答
空気調節ねじをしめたあと、
ガス調節ねじをしめる。

クレジットカードからの
自動引落しでお願いしま
す。ポイントもつくんで

問　思春期に起きる女子の体つきの変化を
答えなさい。（？県？小学校）

髪の毛が伸びる

正答例
丸みを帯びた
体つきになる、など

それじゃあ、全員、思
春期になっちゃいます
よ、ザビエル以外

保健体育

国語

問　絵にあう文になるように、くわしく表す言葉を書きましょう。（東京都Ｔ小学校）

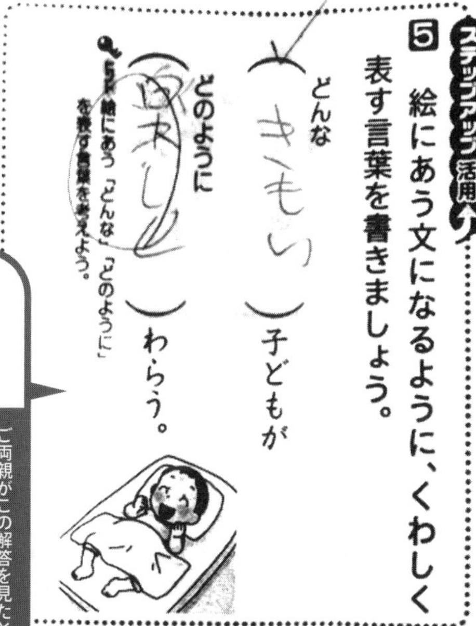
ステップアップ活用

5　絵にあう文になるように、くわしく表す言葉を書きましょう。

どんな（きもい）子どもが

どのように（　　　）わらう。

5 絵にあう「どんな」「どのように」を表す言葉を考えよう。

不明

正答

ご両親がこの解答を見たとき、思わず吹いてしまったそうです。世の中には点数より大切なものってあるよね

問　次の英文を日本語に訳し、それが現在完了形の何という用法にあたるか答えなさい。（東京都F中学校）

Spring has come.

訳　バネよ、出て来い！

用法　命令形

英語

正答
訳 春が来た
用法 継続用法

誰に向かって命令しているんでしょうか…

## 社会

問　1989年、ベルリンの壁が崩壊したキッカケを答えよ。

（埼玉県K高校）

見晴らしを考えて

正答

東ドイツ政府が旅行許可書発行の規制緩和を誤って発表したため

壁の中に大量のアスベストが含まれてたそうで

問　佐藤栄作によって示された『非核三原則』とはどんな内容か？（東京都E中学校）

モテない
もたない
もたせない

正答

もたず、つくらず
もちこませず

卑屈にならないで。男は顔じゃないよ。喋りかスポーツかお金で勝負だよ

問

日本三大随筆に関する問題です。（京都府S高校）

①平安時代に清少納言が記した有名な随筆集を記しなさい。

（ 机草子 ）

枕草子

正答

つくえのそうし、か…。『沈草子《ちんそうし》』って間違いもあるな

②『方丈記』を記した鴨長明の読み方をひらがなで書きなさい。

（ かもなが あきら ）

かものちょうめい

正答

柄本明みたいになってるよ

③吉田兼好作による『徒然草』は、俗世から離れて描かれたものだが、『徒然草』の〝草〟とは何を示しているか。

（ 貧乏草 ）

冊子

正答

たしかに、「金がねぇ～」とボヤいてるようにも読める本でした

問　次の英文を和訳しましょう。（神奈川県A中学校）

Amazon river is very dangerous.

アマゾン川には
大きなダンゲロウスが
住んでいます

英語

アマゾン川は
とても危険です
正答

未確認生物ダンゲロウス。ピラニアを食べて暮らしているんでしょうか。魚と遊んでいるようにも見えますが…

## 理科

問　日本では６月頃におとずれる『梅雨』。この時期にはどんな現象がおきますか。（東京都Ｅ小学校）

✓ 梅干しが空から降ってくる

正答
雨が降り続き
ジメジメする

ちょっと想像してみた。
怖い！

問　牧場にいる牛は主に何を食べておりますか？
（東京都Ｋ小学校）

✓ 牛

正答
牧草

そんなことしてたら、
すぐに全滅しまっせ

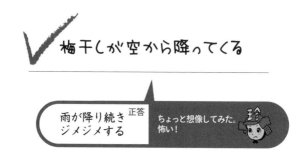

英語

問（　）の中に適切な語句を入れ、松尾芭蕉が詠んだ有名な俳句を完成させよ。（福岡県K中学校）

古池や

（ポテトチップス）

水の音

蛙《かわず》飛び込む

正答

「古池や」は「ふるいけや」であって、「湖池屋」ではありませぬ

問　徳川幕府が鎖国を実施したのはナゼか？

（山形県Ｓ中学校）

（農民がクリスマスで浮かれて米がとれなくなると困るから）

正答例

キリスト教が幕府の封建体制に合わなかったから、など

案外、それも一因だったかもしれませんね、今の日本のハロウィンなんかを見ていても

問　北朝鮮が開発している弾道ミサイルの名前は？

（愛知県C中学校）

（デコポン）

正答

テポドン

ポンジュースを載せるミサイルになっちゃった

英語

問　次の質問に自分の答えを書きなさい。
（?県?中学校）

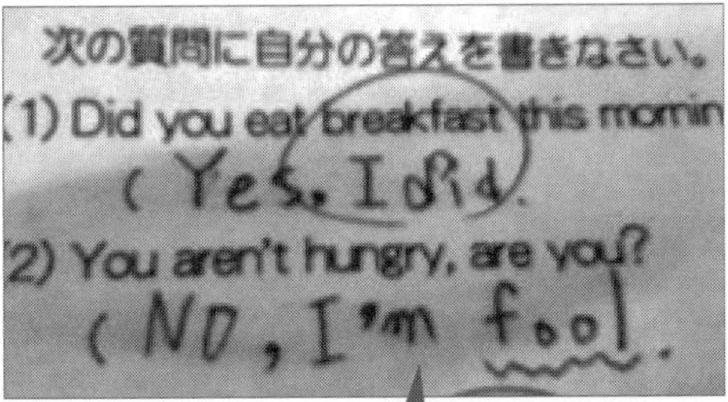


正答例

（2）No, I am full.

フルのスペルを間違うと、『私はアホです』になっちゃう…

問　・と・を　せんで　つないで　すきな　かたちを　2つ　つくりましょう。（？県？小学校）

国語

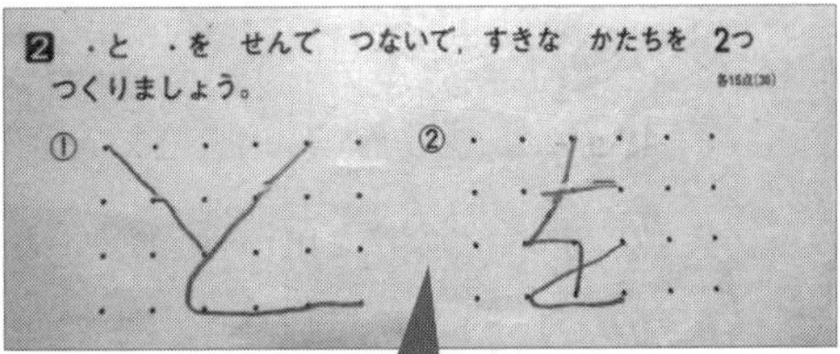


正答例

□や△など

パッと見、なんのことだか、わからないかもしれません。しかし、問題文の始まりをもう一度読んでみてください。『・と・を　せんで　つないで』…そうです。この解答者さん、『と』と『を』のカタチに『・』をつないでしまったのです。噛めば噛むほど味が出る珍解答ですね

問　英単語の意味を訳せ。（大阪府A中学校）

① make　負け

② house　ウマ

③ comb　昆布

④ does　ドS

⑤ chaos　チャオズ

正答
①作る　②家
③櫛　④する　⑤混沌

ドサクサに紛れてドラゴンボールキャラが登場している。そのまんま読むミスが多いんスねぇ

なんとなく歴史が学べる

## 日本史鍋コラム

当コーナーでは、歴史上の人物や事件に対する、ちょっとした解説やトリビアを取り上げております。一応、文献に沿った内容ではありますが、おそらく試験の点数には直結しないため、間違ってもテストで書かないでくださいね。あとで苦情を言われても知りませんよ〜。

# 弥生人だけじゃない。縄文人も米を作っておりました

縄文人というと、狩りで暮らしていた〝未開の人〟と思われがち。文明が遅れていたから、農耕民族の弥生人に、あーっという間に滅ぼされてしまった――。

というのは大間違い。縄文人は、栗などの木の実を栽培していただけではなく、土に植えるタイプのイネまで育てていた。岡山県の

南溝手遺跡で見つかった土器の表面に、シッカリともみ殻のついたイネの痕が残っていたのである。

海をわたってきた弥生人が縄文人を排除し、日本列島を征服したのではなく、両者一緒になって稲作をしたと考える方が自然の流れ。

縄文人はゴリラみたいだね！　と、笑っていられない。我々日本人にも、しっかりとその血が流れているのだ。

## 実は戦争大好き超武闘派の聖徳太子！

聖徳太子といえば、十七条憲法に『和をもって尊しとなす』という有名な言葉がある。みんな仲良くすることが大事だよ〜と、さも穏健派な印象を抱かせるが、これは国内だけの話。

実は彼、小さいころから戦いに参加しており、摂政という偉い地位になると、何度も海外と戦争をしようとした、超武闘派の政治家として有名だった。

## 日本史鍋コラム

血の気の多い聖徳太子は、ある日、中国の皇帝へ『日ののぼる国の天子様から、日が落ちる国の天子タンへ／(゜o゜)＼』という失礼極まりない手紙を送った。

むろん、中国の皇帝は激怒。ソッコーで悪口バリバリの返事を書いてよこすが、さぁ、困ったのは遣隋使の小野妹子だ。

コッソリと手紙を読んでしまった彼は『太子の兄やんに読ませたら戦争が始まる！』と思ったのだろう。

帰国後、なんと「中国皇帝からの手紙？なくしたっす。テヘヘ」とヌケヌケと報告したのである。

朝廷のお偉いさんたちは、そんな妹子を死刑にするよう主張したが、天皇や聖徳太子は彼の心情に感づき、刑は課されなかった。

飛鳥時代の深イイ話である。

まさかの武闘派だったとは…。
てか、そうでないと、あんな手紙、
書けませんな

音楽

問　『荒城の月』を作った明治時代の作曲家は誰だ？（鹿児島県N中学校）

俺健太郎

正答
滝廉太郎

「オレの名前は健太郎！　職業は作曲家だよ！」そんな感じかな

問　作曲滝廉太郎、作詞武島羽衣によって作られた下記の曲名を答えよ。（愛知県T中学校）

春のうららの隅田川
のぼりくだりの船人が
櫂のしづくも花と散る
ながめを何にたとふべき

船

正答
花

『春』とか『隅田川』が定番の誤答なのに、これには先生も戸惑ったに違いない。だいたい、なんで花になんのよ。誰か知ってる人、教えてくださ〜い

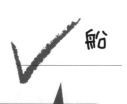

問　□に漢字一文字を入れ、ことわざを完成させなさい。

（茨城県K中学校）

可愛い子には族をさせよ

旅

正答

人生の経験を積ませるには荒波すぎますって、お母さん

国語

問　金星は夕方や明け方にだけ見えて、夜中には見えない。なぜか？（東京都H小学校）

人々が寝静まるから

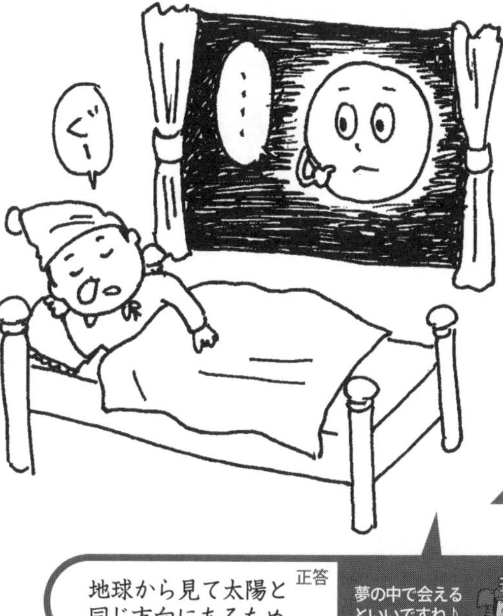


理科

正答
地球から見て太陽と同じ方向にあるため

夢の中で会えるといいですね♪

問　小林多喜二が著したプロレタリア文学の代表作を（　２　）という。作品名を漢字で記せ。（神奈川県Ａ中学校）

正答
蟹工船

捨て身の蟹の絵が功を奏したようです。特別に△をくれた先生もおシャレですな

問　財閥の復活を防ぐために1947年に制定された大企業の利益独占を禁じた法律をなんというか。（東京都Ｎ中学校）

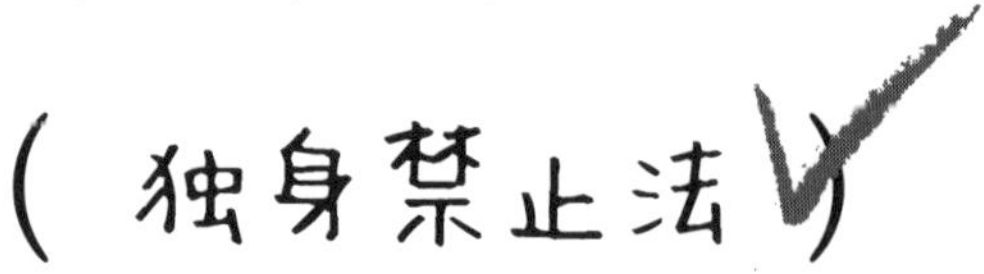


正答
独占禁止法

これで逮捕されたら普通の罪よりずっと辛いです、うぅぅ…

美術

問　『鉄腕アトム』や『ブラックジャック』など日本の漫画界を作り上げた作家の名前は？（千葉県Ｎ中学校）

（ 手塚水虫 ）

正答
手塚治虫

グジュグジュしてむず痒い先生なんてイヤッ！

問　体育の授業を始める前にする運動はなんでしょうか？（埼玉県Ｙ小学校）

あたりまえ体操

正答
ラジオ体操

ページをつまんで♪ 右に倒すと〜♪　めくれる♪　当たり前体操♪

保健体育

問　『いかにも』という語句を用いて、適切な文章を作成せよ。（神奈川県A中学校）



イカにもタコにも
たくさんの足がある

正答例

いかにも政治家といった
横柄な態度である

寿司を食べたい、カニもイカも。ってのはどうでしょう？　頭が混乱しますが

国語

問　『一』という漢数字を含む四字熟語を一つ挙げよ。（大阪府Ａ中学校）

一家心中

正答例

一期一会
一所懸命など

そんな勢いよく書かれても、なんだかなぁ。『一家珍獣』とならなかっただけOKかな

問　平方根を$x$,$a$を用いて説明しなさい。（静岡県Ｆ中学校）

3　僕の名前はのび太。これを言うのも３回目だね。どうだい？君たち調子は？とうとうなっちゃったね。３年生に。受検生に。お互い勉強に、部活に、大変だよね。とは言っても、僕は高校に合格することは決まってるからいいんだけどね。タイムマシンで自分の未来を見てきたから知ってるのさ。「まぁそんなこと、どうでもいいんですけどね」なんて元みつまＪＡＰＡＮのギャグを飛ばしたところで。あ、そうそう。君たち知ってた？受検と受験の違い。僕は「受験」が正しいと思ってたんだよね。そしたらこの間、出木杉の野郎が「のび太君。受検と受験の違いを知ってるかい？」ってきたから、僕は即効「知らね～！」って「勝手にジュンペイ」のジュンペイばりに言って立ち去ろうとしたんだよ。まぁそれでもめげないね。やつは。なんとか優越感に浸りたいんだろうね。急いで僕の目の前に回り込んできたよ。なんかドラクエの「しかしまわりこまれてしまった！」を思い出しちゃったよ。で、やつが言うには「受検は公立高校。受験は私立高校。」という違いがあるらしいんだ。ほんとかね？「まぁそんなこと、どうでもいいんですけどね」

（閑話休題）

で、今、数学の授業で平方根の勉強をしているんだけど、あれって何なの？「$\sqrt{2}$は２の平方根？」「２は$\sqrt{2}$の平方根？」どっちでもいいよ！みたいな。ねぇ、君たち教えてよ。平方根ってなんなのさ。出木杉があのしたり顔で来る前に教えてよ。

①平方根を$x$、$a$を用いて説明しなさい。【知：２点】

問題よんでたら時間なくなっちった　2nn03

数学

国語

問　次の傍線部のカタカナを漢字に、漢字をカタカナで記せ。（岐阜県M中学校他）

①仏様はナゴヤカな表情をしている

（名古屋か）

正答　和やか

シャチホコか！

②背筋にオカンが走った

（お母）

正答　悪寒

『お』は必要なんでしょうか。あってもなくても×ですが

③指先に棘が刺さった

（タバタバ）

正答　トゲ

束が二つだと思ったのね

④真犯人はまだ捕まっていない

（マハンジン）

正答　シンハンニン

ドコの星の方ですか

問　鎌倉時代の御家人が、何かあったときすぐに幕府のもとへ駆けつけることを「　ア　」と表現する。（山形県K中学校）

（　ビバ鎌倉　✓　）

正答
いざ鎌倉

テンションの高そうな鎌倉ですな

社会

問　次の英文を日本語に訳しなさい。
（神奈川県M中学校）

① Susie likes apples.

寿司絵は
りんごが好き

正答
スージーは
りんごが好きだ

寿司が好きなの？　それとも果物が好きなの？　てか、そんな名前の人いませんがな

② I met an old woman
in the street yesterday.

私は昨日、通りで
近所のオバハンに会った

正答
私は昨日、通りで
老女に会った

残念ながら、そこまで詳しくは書かれてない

2時間目
中間テスト
0点でもいい、たくましく育ってほしい

元寇（蒙古襲来）　1274年と1281年、フビライ・ハンの命により元・高麗連合軍が九州へやってきた

**保健体育**

問　目の前で人が溺れていても、危険だからやってはいけないことがあります。それは何でしょう？（奈良県K中学校）

写メに撮って、Twitterで炎上させようとする

正答　一人で飛び込んで助けようとする

住所や名前を晒され、大変なことになりますので、やったらダメ、絶対

**国語**

問　夏目漱石の作品で、無鉄砲でわんぱくだった主人公が四国・松山市を舞台にした小説は何でしょう？（埼玉県Y中学校）

ほっしゃん

正答　坊っちゃん

鼻からウドンを出すところが同じく無鉄砲で

国語

問　次の慣用句を完成させなさい。（埼玉県S小学校）

壁に（①足）あり

障子に（②手）あり

正答

①耳　②目

それじゃ妖怪になっちゃうよ

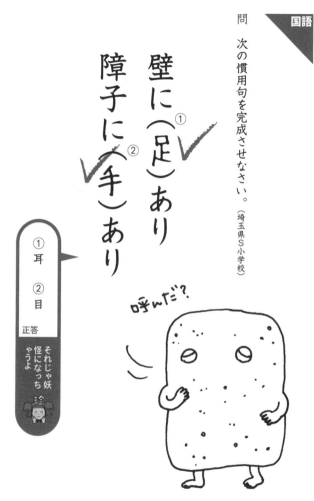

問　この絵は原人の生活風景を描いたものである。彼らの生活には、ある大きな特徴があったが、それを踏まえて吹き出し部分に入る原人のセリフを考えよ。（高知県S中学校）

問①原人のセリフ

ウホッ ウホホッ!!

正答

火が使えて冬も暖かいなぁ。火のお陰で食生活も変わったなぁ。など

そのまま言わないで〜。こういうのはほんやくコンニャクで訳せる設定が定番でしょ

社会

問　1902年、日本はイギリス相手に日英同盟を結んだ。これはどんな内容の同盟だったか？（山梨県N中学校）

休日は戦争をしない

正答例
イギリスが他の国と戦争した場合は中立を守り、２国以上の相手と戦争をしたときは日本も参戦する

日曜同盟に名前を変えないとイカンですな

問　GHQの最高司令官として日本にやってきたのは（　　　　　）である。（広島県S中学校）

（マッカーさん）

正答
マッカーサー

『マッサーカー』と答える人も多いようで。カタカナは難しい

国語

問（　）にあてはまることばを左からえらんで書きましょう。

（？県？小学校）

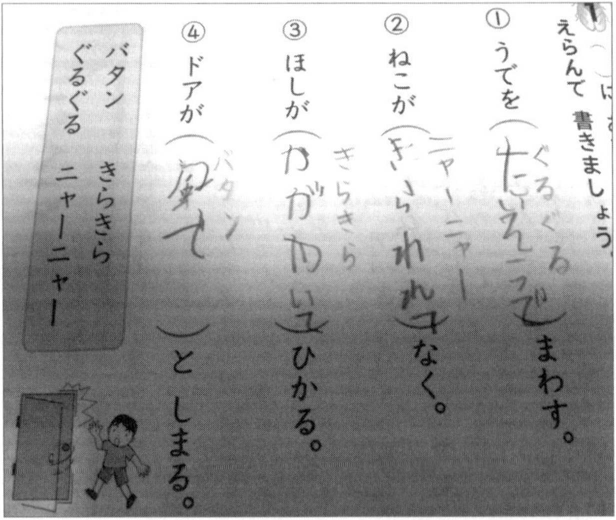
（　）にあ……えらんで　書きましょう。

①うでを（たいそうで）まわす。

②ねこが（きらわれて）なく。

③ほしが（かがやいて）ひかる。

④ドアが（風で）としまる。

バタン　きらきら
ぐるぐる　ニャーニャー

正答
省略

選択肢から全く選ばず独自の感性で解答しちゃってます。ねこが「嫌われて」なく、なんて、もはやちょっとした物語ですな。この才能、伸ばして欲しい。

**理科**

問　山や地層へ地質調査に出かけるとき、持っていかなければならない物を書きなさい。（静岡県S中学校）

弁当

正答例
ルーペなど

高尾山への遠足じゃないんだから

問　アルミニウムに強い塩酸をかけるとどうなりますか？（東京都M小学校）

爆発する

正答例
溶ける

ドリフやとんねるずのコントじゃないんだから

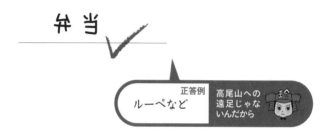

問　楽譜の始まりに記されている『♪＝100』とは、どんな意味があるでしょう。（鹿児島県Ｎ中学校）

シャーペンのボタンを押す速さ

正答

八分音符（基準になる音符）が１分間に100回入る

リズムの取り方は人それぞれ。替え芯が尽きるまで叩き続けようじゃないか♪

国語

問　④の部分の意味を答えよ。（？県？中学校）

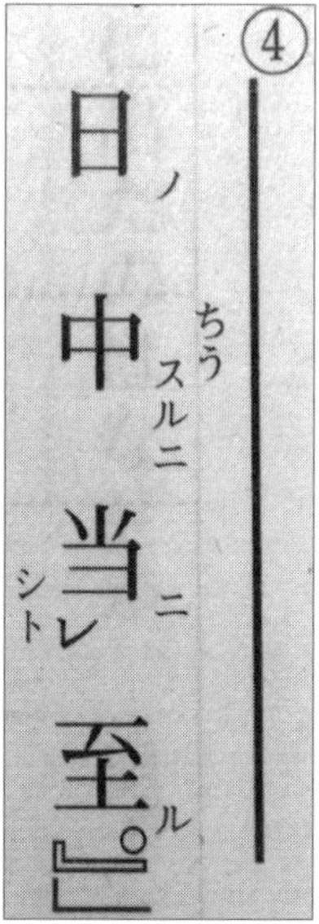
④
日ノ中《ちう》スルニ当ニレ至ル。』
シト

問五
中日ドラゴンズは、今日はよく打った。

正答
不明

そして今日も敗けたのか！
やっぱり落合監督に現場へ
戻ってもらうしか…

問　陸上競技において、駅伝ではタスキをつなぎ、短距離のリレーでは（　　　　）をつなぐ。（埼玉県K中学校）

（　誠意　）

正答
バトン

離婚危機にある旦那さんみたいっすなぁ

保健体育

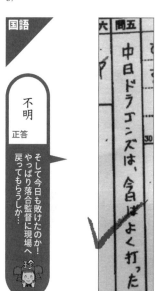

# ここが変だよ 英語の教科書

文法や単語をムリヤリ押し込めるせいなのか、
英語のテストや教科書には、ときどき
“理不尽な問答”が登場します。
当コーナーでは、そんな例文を
取り上げていきたいと思います。
※原文は若干変更する場合があります

## ①スミス先生の適材適所とは？ （栃木県O中学校）

C：Mr.Smith teaches us Japanese.

C：スミス先生は日本語を教えている

明らかに英語を教える
べきだと思うのですが
珍

## ②Kenさん、不潔ネ (広島県S高校)

D：Ken takes a bath every other week.

D：ケンは一週間おきに風呂に入る。

北国の冬ならまだしも東
京の夏だったら大変です

## ③男のくせに
## 化粧でもしとんのかい (神奈川県A中学校)

B：Tom is more beautiful than Yumi.

B：トムはユミより美しい。

キモいっす！

# ここが変だよ英語の教科書

## ④いつかフラれんね （？県？中学校）

C：I have never agreed with her idea.

C：私が彼女の意見に賛成したことは一度もない

もし夫婦や恋人関係だったら、間もなく破綻するでしょう。亭主関白というより、ちょっと異常です

## ⑤服装でわからんか？ （新潟県K中学校）

A：Is that your grandmother?
B：No. He is my grandfather.

A：あれはあなたの祖母ですか？
B：いいえ、あれは私の祖父です。

あまり動かないから区別つかないって？　んな、酷いことといっちゃダメだよ

国語

問　次のカタカナを漢字にしましょう（北海道T小学校他）

① 空き地にコイシが落ちていた

（恋死）

正答　小石

恋焦がれて死ぬ——。先生に恋歌を詠むとは、マセたお子さんで

② シリが痛い

（四り）

正答　尻

当て字をするにも程があろう。せめて屁と間違えて欲しかった

③ キンガシンネン　あけましておめでとう

（金が信念）

正答　謹賀新年

ずいぶんと心の汚れた正月ですね。一年間が思いやられます

問　ペリーはなぜ開国を要求したのですか？
20文字以内で答えなさい。（長野県T中学校）

本場の歌舞伎が
見たかったから

正答
港に寄って水や
食料を補給するため

「よっ！日米和親条約♪」
とか掛け声をかけたか
ったのかなぁ

問　次の熟語の意味を書きなさい。（東京都M中学校）

take a rest

（レストランで
竹を食べる）

正答
休憩する

『take a walk』で『足を取る』になります。ウソです、『散歩する』です

問　□の中に正しい漢字を入れましょう。（？県？中学校）

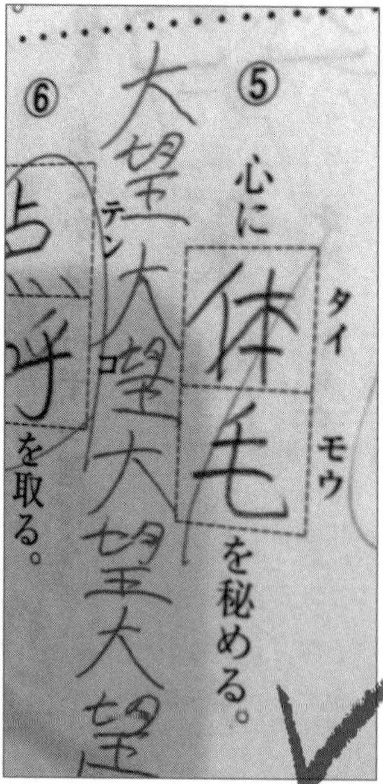


大望

正答

これぞまさしく、『心臓に毛が生える』ってやつですね

**英語**

問 Watch your step! の意味は？

（埼玉県K中学校）

（時計、踏んじゃった！）

正答

足元に気をつけて

頑丈で壊れてないことを祈ります

**国語**

問 『漁夫の利』とはどういう意味？ （福島県Ｉ中学校）

(1) 漁で生活する夫は利益がいっぱいある

正答

当事者同士が揉めている間に、
第三者が横から利益を持っていくこと

大間のマグロで豊漁っすな！

理科

問　相対性理論を
発表したのは(　　　　　)である。
（？県？中学校）

（　偶然　）

正答
アインシュタイン

あーあ。99％の
努力を否定しち
ゃったよー

家庭科

問　衣替えの時期には季節外れの服を収納しておきます。
このとき虫食い予防として何をするのがよいでしょうか？
（福岡県Ｉ中学校）

タンスにゴン！

正答例
通気性を確保して収納する。
防虫剤を入れる。など

勢いがあって
よろしい

国語

問　『自』という漢字を用いて、熟語を作りましょう。
例：自分 など　（宮城県S高校）

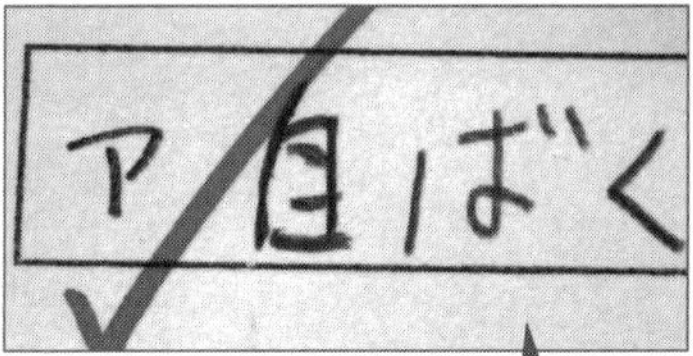


正答例
自由、自信、自治 など

きちんと『自爆』と書いていても倫理的にダメっぽいね

英語

問　次の英文を日本語に訳しなさい。（東京都Y高校）

He faced a lot of problems.

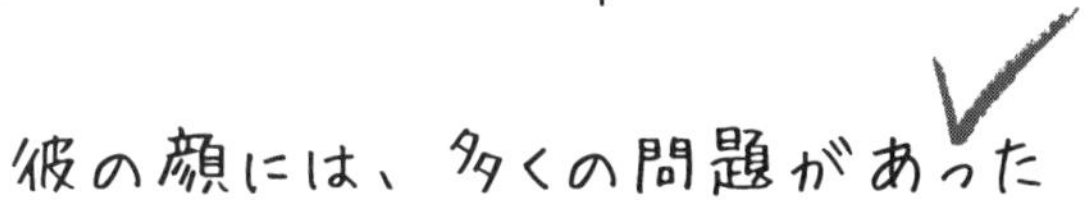


正答
彼は多くの問題に直面した

ブ、ブ、ブサメンってことかな…

国語

問「擬音」を使って夏休みの思い出を日記にしましょう（？県？小学校）

今日、まんがをかいた。やった。結構描けんじゃん。うおううおううおう

省略

正答

「ニッポンの未来は〜♪」って、モーニング娘。じゃないんだから

問　ホームページのURLなどに用いられる『WWW』の正式名称は？（東京都E高校）

(笑)(笑)(笑)

正答

ワールドワイドウェブ

ネットスラング的には同様の意味もありますよね

**保健体育**

問　一日あたり50本以上のタバコを吸う人のことを何と言いますか？（？県？中学校）

ベビースモーカー

正答

ヘビースモーカー

赤ちゃんに吸わせてたら、すぐ肺ガンになっちゃうよ

問　リンカーンが南北戦争の戦地で演説したときに語った有名な言葉は何でしょう？（新潟県Ｓ中学校）

人民の人民による

人民のための人民

正答

人民の人民による
人民のための政治

ぜんぶ人民になっちゃった！

**社会**

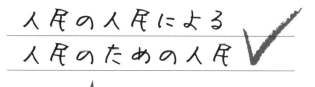

問　マヨネーズの主な原料は、酢と油、そして（　　　）からなっている。（？県？高校）

赤ん坊 ✓

正答
卵黄

怖い＞＜；
たしかにQP
マヨネーズには…

家庭科

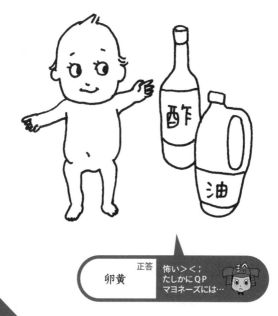

問　それぞれの設問に答えなさい。（北海道S小学校）

①四大公害病の一つ“イタイイタイ病”はどこで起きたか？

お腹

正答
富山県（神通川下流）

ここは保健室じゃないので、痛い箇所は聞いてません

①金閣寺を建立した室町幕府の三代将軍名を答えよ。

足利よしまん

正答
足利義満

中途ハンパに記憶するから…

## 日本史鍋コラム

当コーナーでは、歴史上の人物や事件に対する、ちょっとした解説やトリビアを取り上げております。一応、文献に沿った内容ではありますが、おそらく試験の点数には直結しないため、間違ってもテストで書かないでくださいね。あとで苦情を言われても知りませんよ〜。

# ウンコで放棄した幻の首都 藤原京

校内でウンコをしているのがバレ、その後の学校生活が破綻した男子生徒は数知れず、だろう。

これが古代人となると、もっとスケールがでかい。なんと、ウンコのせいで、首都ひとつを潰した経験があるのだ。

飛鳥時代のこと。日本で初めて、中国式の

## 日本史鍋コラム

首都が建造されることになった。しかし、初めての大都市建設のため、誰も勝手がわからない。

「天皇の宮殿はどこにする？」

「そりゃ真ん中だっぺ」

６９４年、こうして建てられたのが『藤原京』だが、そのわずか16年後の７１０年、再び平城京へ都を移したのは、皆さんもご存知だろう。なぜ、こんな短期間で都を移したのか？

藤原京のあった地形は、中心の標高が低く、すり鉢状になっていた。周囲の高台には貴族や平民たちの住居。もはや説明は不要だろう。彼らの糞尿や生活排水が、よりによって宮殿へと集まってしまったのだ。

ちなみに、その後の平城京で、宮殿は〝北端〟に置かれている。よほど、きっつい臭いに懲りたのだろう。

## ビビッて逃げてきただけなの。でも、１０００年も続いちゃった

７９４年に始まった平安京。

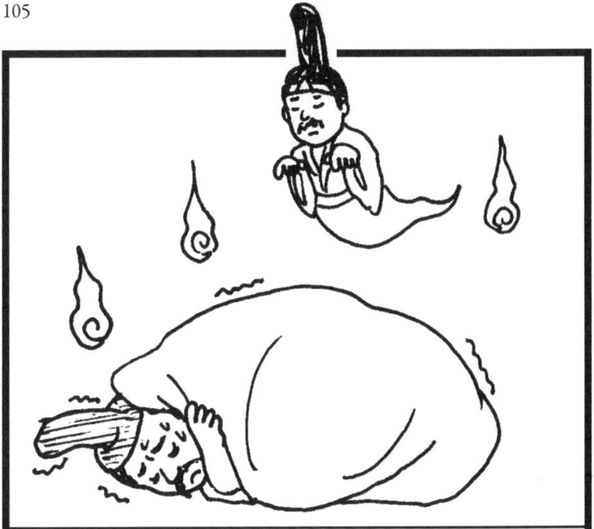

今でこそ「ほんまの首都は京都やでぇ〜」と、地元民が白々しく自慢をしているが、当時の人たちは、まさかその後１０００年も続くとは思っていなかった。

というのも、その頃の平安京は、桓武天皇がビビッて逃げてきただけの臨時の都だったからだ。

彼は、長岡京という首都の建設中、弟を冤罪で殺害。勇んで殺したはいいが、今度は自分がその怨霊にビビッてしまい、京都へ新居を移したのである。

「臨時の街のくせにガタガタ言わんといて〜。呪いまっせ〜」

今度、京都人に自慢されたときは、はんなりと言い返してあげましょう。

問　水は沸騰すると気体となって(　　　　　　)する。

(千葉県K中学校)

(　眼鏡を白く　)

正答

蒸発

「めがね曇っちゃった!」メガネクリンビューが必要っす

問　次の漢字の読み方を書きましょう。（?県?小学校）

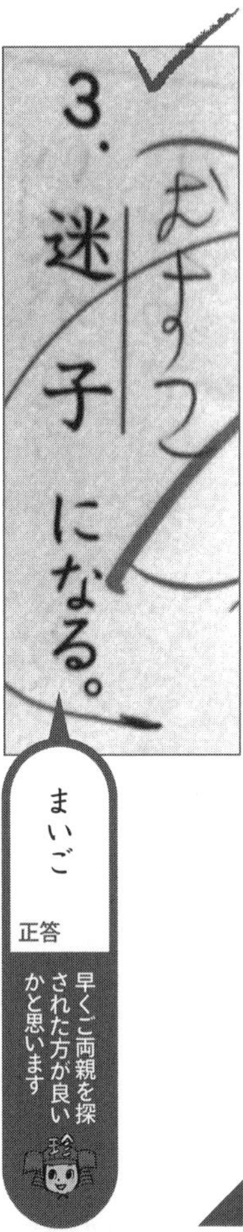


正答
まいご

早くご両親を探された方が良いかと思います

問『げつよう』を漢字で書きましょう。（?県?小学校）

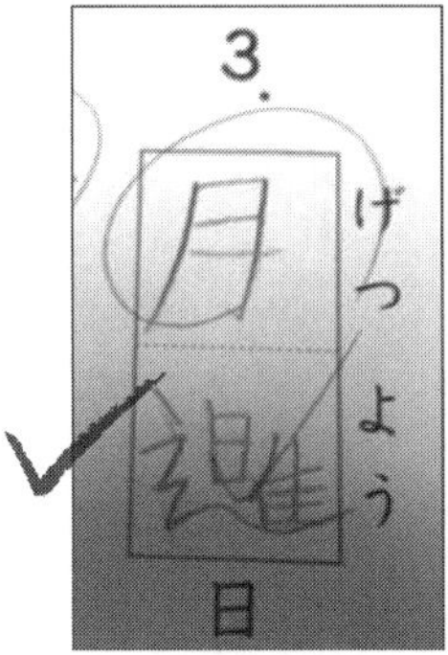


正答
月曜

少し崩れているのに激しく違和感を覚えてしまう。虫とか動物が這ってるように見えるのは私だけ?

国語

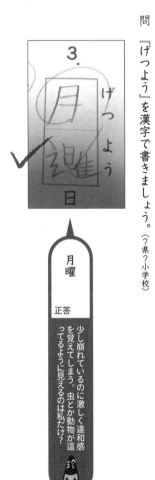

**社会**

問　2027年に開通予定で東京—名古屋間を40分で走行する超高速列車のことを何といいますか？
（山形県K中学校）

ケニアモーターカー

正答
リニアモーターカー

そのままアフリカまで疾走しちゃいましょう

**国語**

問　蟹工船の作者・小林多喜二が書いた文学を『プロ○○○○文学』という。
（○○都○高校）

プロ（で）（す）（ね）（え）文学

正答
プロレタリア文学

しみじみと感心してる場合かい

問　ぼう線の部分を漢字にしましょう（？県？小学校）

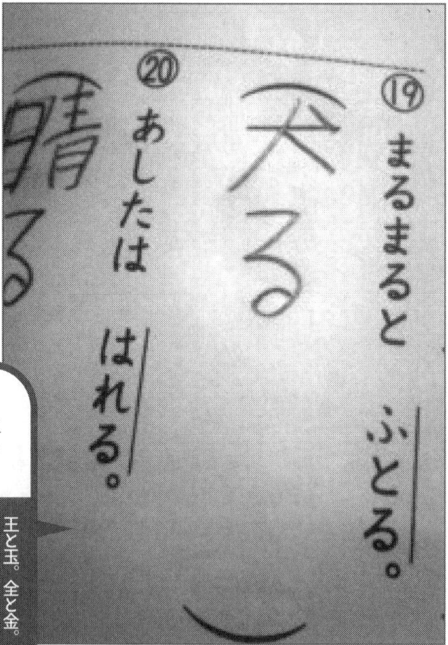
⑲ まるまると ふとる。
⑳ あしたは はれる。

太る
正答

王と玉。全と金。点の打ち方でややこしい漢字は他にもある。最悪の間違いは金玉か。そんな問題ないけど

**算数**

問　ミカンが４つあります。３人に同じ量を配るにはどうすればよいでしょうか？（神奈川県Ｅ小学校）

1人ころす

正答

1人1つ渡し、残り
1つは 1/3 ずつ分ける

2人殺しちゃえば
独り占めできますね

家庭科

問　赤味噌と白味噌をブレンドした味噌のことを何と呼ぶか？（広島県Ｓ小学校）

（ピンク味噌）

正答

合わせ味噌

絵の具じゃないんだから…

理科

問　我々が住む地球の周囲には、様々な惑星があります。知っている惑星を３つ挙げてください。（福岡県Ｋ中学校）

一番星、猿の惑星、コリン星

正答例

水星、金星、火星など

『コリン星などなかった』と認めちゃったゆうこりんに裏切られましたね

問　『…づめ』という言葉を使って短文を作りなさい。（千葉県Ｔ中学校）

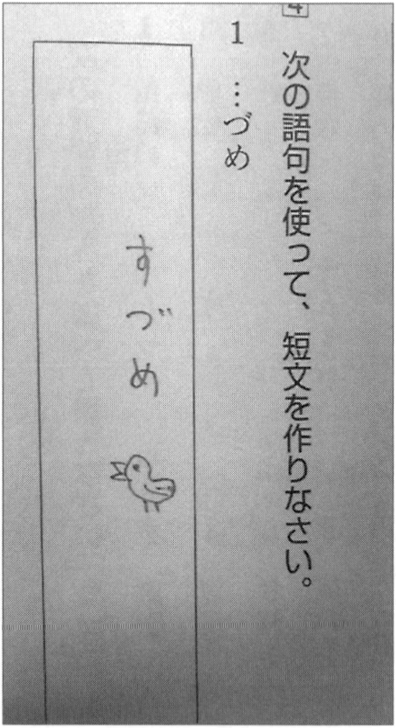


正答
略

ピヨピヨ。かわいいな、ピヨピヨ

英語

問　次の英文を和訳せよ。（沖縄県N高校）

School begins at 8:45.

（8時45分、
学校にBEGINが来た）

正答
8時45分に
学校が始まる

これは沖縄ならではの間
違いかもしれませんねー

**理科**

問　化学式の問題です。Hは水素、Oは酸素。
ではH2Oは何を表すでしょうか。（静岡県S中学校）

（　新しい鉛筆　）

正答
水

Bとか2Bとか、ときにはHとか。さらにはその上をいくH2Oなのでさぞかし硬い鉛筆で、ちょっとチカラを入れて書くと解答用紙が切れちゃって、アワワワワ…みたいな？

# ここが変だよ英語の教科書

文法や単語をムリヤリ押し込めるせいなのか、英語のテストや教科書には、ときどき“理不尽な問答”が登場します。当コーナーでは、そんな例文を取り上げていきたいと思います。

※原文は若干変更する場合があります

## ①メアリーよ、人の話を聞け！

Sam：Hello?
Mary：Hello,this is Mary speaking. Are you Jack?
Sam：No. I'm Sam.
Mary：Oh Jack, why are you absent from school today?
Can you come to school tommorow,can't you ?

サム：もしもし？
メアリー：もしもし、メアリーです。ジャックですか？
サム：いえ、私はサムです。
メアリー：おー、ジャック、なんで今日は学校を休んだの？
明日は来れるわよね？

サムだと言ってるのに…。
メアリーさん、さぞかし
KYな人なんでしょうなぁ

## ②年齢詐称

Yumi：Hi,Jun. How old are you now?
Jun：I'm three years old.How old are you?
Yumi：I'm three years old,too.

ユミ：こんにちは、ジュン。あなたは今何才なの？
ジュン：僕は今、３才だよ。君は？
ユミ：私も３才よ。

もう少し、上の年齢設定にできなかったんでしょうか。
3才でこんな会話しませんよ、普通。それとも
thirty やthirteenとするのを間違ったのかなぁ

## ③性別無視かよ

A：Is my name Takeshi Suzuki?
B：No. Your name is Mary.

A：私の名前はスズキタケシでしょうか？
B：いいえ。あなたの名前はメアリーです。

Aさん、他人に指摘されるまで、
性別も国籍も気付かなかったのか
い？　よく今まで生活できたな…

## ④映画館デートぐらい、いいじゃないの～♪

C：I want to go cinema with Kyoko next weekend.
D：No.You can't go with her.
C：Why?
D：Because you are a student.

C：来週末はキョウコと映画に行きたいんだ。
D：ダメだ。君は彼女と行くことはできない。
C：なんで？
D：それは君が学生だからさ。

映画ぐらい問題ないだろ。
Dさん、何考えてんだい？

## ⑤引きこもり警報鳴ってます

E：My brother doesn't go to the school.

E：私の兄は学校に行きません

冷静に語ってないで早く
連れていきなさいよ！

問　イスラムの教えはラマダンと呼ばれる月になると、あるコトが行われます。それは何ですか？

（千葉県K高校）

だんじり

正答

断食（だんじき）

岸和田のお祭りにイスラム教徒たちが参加してたら…コワイw

英語

問　次の設問に答えなさい。（京都府Y中学校）

①This is a pen.を疑問形にせよ

This is a pen デスカ？

正答

Is this a pen?

カタカナで発音したからって正解にはなりません。会話では通じるかもしれんけど

②Bob enjoyed a football game.を和訳せよ

ボブはフットボールゲームをエンジョイした。

正答

ボブはサッカーの試合を楽しんだ。

ほとんど和訳してない気がするが、かといって×もつけにくい。絶妙な解答です

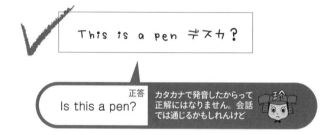

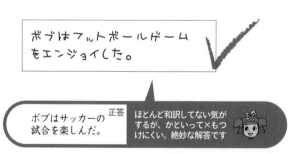

問　ぼうせん部のカタカナを漢字に、漢字は読み方を記しなさい。（滋賀県S小学校）

①子供に大切なのはキョウイクである。

（今日行く）

正答　教育

勉強は明日まで延ばしちゃイカンってことですな

②1月になるとセイジンシキが開かれる。

（星人式）

正答　成人式

トミーリージョーンズとかBOSSの缶コーヒー片手に参加してそう

③果汁100%のジュース

（たきじる）

正答　かじゅう

『田（た）』と『木（き）』に分解しちゃったようです

④テスト中、睡魔に襲われる。

（あくま）

正答　すいま

目が覚めたら、そこは魔界だったでしょう…

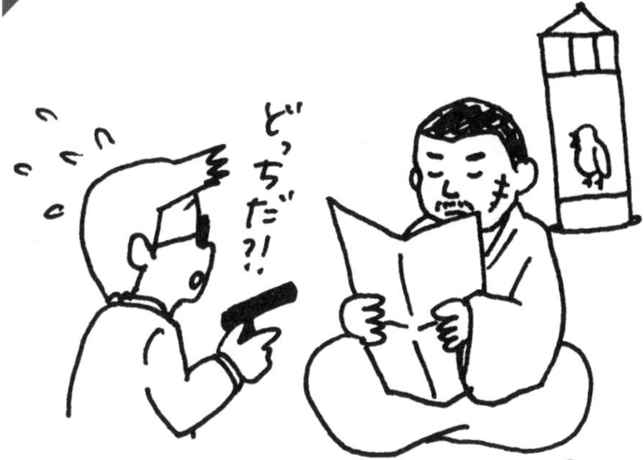


⑤シンブンをとる

（親分）

正答
新聞

親分を殺すってことですかね…。怖い、怖すぎる

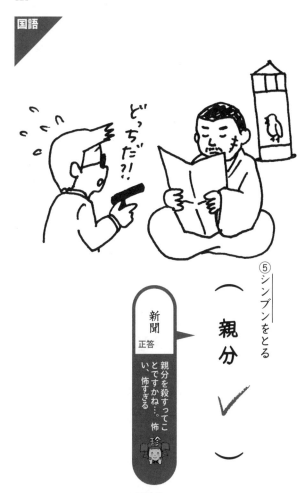

## 日本史鍋コラム

当コーナーでは、歴史上の人物や事件に対する、ちょっとした解説やトリビアを取り上げております。一応、文献に沿った内容ではありますが、おそらく試験の点数には直結しないため、間違ってもテストで書かないでくださいね。あとで苦情を言われても知りませんよ〜。

# 風が吹けば頼朝が挙兵する

平治の乱で敗北した源頼朝は、伊豆に流され、ほとんどぼっちだった。そんなとき、都では平家に逆らった皇族の以仁王《もちひとおう》が全国の源氏や反平家の武士たちに蜂起をうながす命令書を出した。１１８０年4月のことだ。

これを機に頼朝も立ち上がったとされている。が、完全にウソ。

頼朝が立ち上がったのは、その年の8月。空白の4か月間、彼は何をやっていたのか。

ドドド…
なになに、オレ、狙われてんの？

答えは、寝ていた。

『味方もいないし、平家は強い。どうせ皇族の乱なんてすぐ鎮圧されるよ』

そんな風にヤケクソでいたところ、実際、5月に以仁王はあっさり戦死している。ではなぜ、頼朝はわざわざ以仁王の鎮圧後に蜂起したのか。

平家は、以仁王に呼応した全国の武士たちを懲らしめようと各地に軍勢を派遣した。逆らうものを徹底的に屈服させようとしたのだ。

このとき頼朝もターゲットに…ではなく、平家としては、頼朝の近くに住んでいる別の危険人物を捕らえようとした。

これを頼朝は「俺が狙われているに違いない」と勘違いして、兵を挙げたのだ。

そこから先はみなさんご存じの通り。頼朝は征夷大将軍に任命されるほど出世するのである。歴史とは、えてしてこういう偶然の積み重ねかもしれない。

## 逆落としをしたのは義経じゃなかった

中世悲劇のヒーローといえば、何と言っても源義経だろう。頼朝の追手から逃げ切り、『モンゴルでチンギスハンになった』などという、トンデモ物語が創作されるほどの人気ぶ

## 日本史鍋コラム

りだ。

実は、義経にまつわるエピソードはやたらと作り話が多い。弁慶との出会いや、安宅の関での勧進帳。合戦の場面でもフェイクは多く、その代表が『一ノ谷の戦い』だろう。

「鹿が降りられるなら、馬も平気だ！」との勢いで急な崖を駆け降り、敵を撃破した戦いであるが、このとき義経は別の場所で平家軍と正面衝突していた。きっちりアリバイがあるのだ。

壇ノ浦での勝利も、次から次へと船を飛んだ『八艘飛び』が勝敗を左右したのではない。

平家の舟の漕ぎ手＝非戦闘員を次々に射殺するという、当時の合戦の常識からすると、「人道法」に反した手法が勝利を引き寄せたのである。

もっともこのときは、調子に乗りすぎて幼い天皇を入水自殺させてしまい、兄頼朝の怒りを買ってしまう。これを機に、義経は転落していった。

社会

問　[　　　　]の中に適切な言葉を入れましょう。

（神奈川県M小学校）

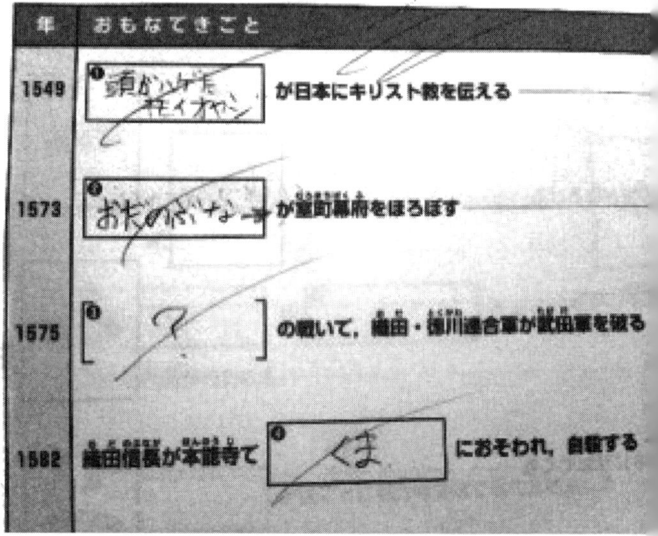
年
おもなできごと
1549
が日本にキリスト教を伝える
1573
が室町幕府をほろぼす
1575
?
の戦いで，織田・徳川連合軍が武田軍を破る
1582
織田信長が本能寺で
くま

①フランシスコ・ザビエル　②織田信長　③長篠　④明智光秀　正答

色々とナイスな解答が並んでおりますね。「おだのぶな」が惜しかった

珍

**社会**

問　藤原道長は自分の娘を天皇家に嫁がせ権力を握った。後に一条天皇の皇后となった長女の名前は？（北海道Ｓ高校）

藤原紀香

正答
藤原彰子

外国の皇室とかなら雰囲気ピッタリですな。しかし現実は、陣内に嫁ぎ、ソッコーで離婚という…

**英語**

問　クラーク博士が唱えた有名なセリフを記せ。
（神奈川県Ｔ高校）

Boy meets girl.

正答
Boys, be ambitious!

えーと、どこかで聞いたなぁとか思ったら、trf の曲ですね。KABA ちゃんがまだバリバリの男だった頃の

問　『むしろ』という言葉を用いて、30字以内の文章を作りなさい。
（神奈川県H高校）

ガムシロップは甘くて美味い。

正答例
古典文学は、国語というよりも、むしろ歴史の授業である。

まさかそのまま飲んだりしてないよね…

問　下の数に共通することはなんでしょうか？

（神奈川県E小学校）

24、8、12、32、4、44、48、16、36

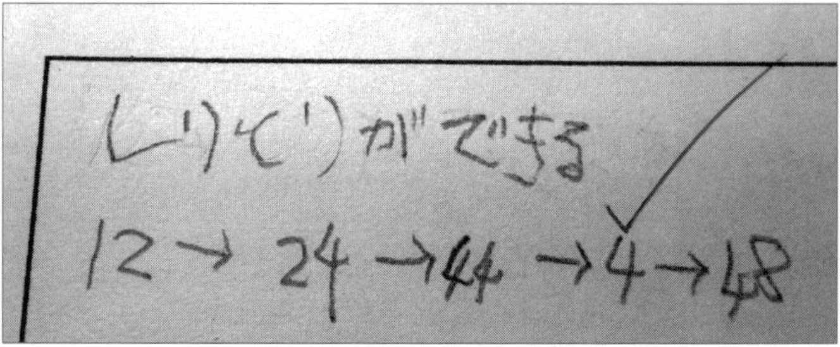


正答

4の倍数になっている

この子が将来、天才になっても私は驚かないでしょう

問　次の地図記号は何を意味している？（新潟県|小学校）

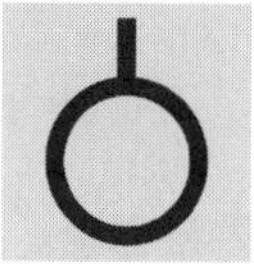

ばくだん

正答　果樹園

ボンバーマンじゃございません

（トイレ）

正答　飛行場

男子用かな

（ウルトラマン）

正答　国や地方の役所

口が丸すぎ

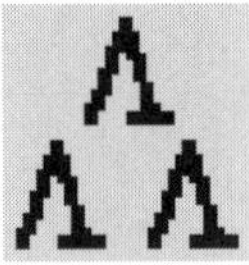

（ まきびし ）

正答
針葉樹林

忍者ですか

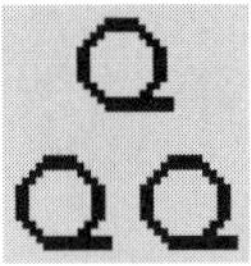

（ かたつむり ）

正答
広葉樹林

ツノ、出し
なさいよ

（ ピカチュウ ）

正答
発電所

イメージで覚
えたんだね…

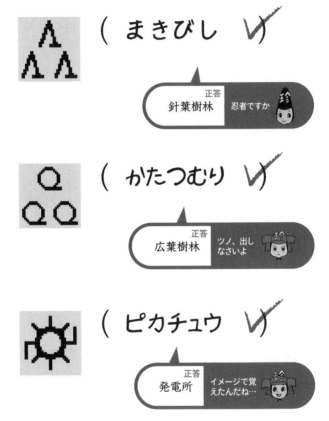

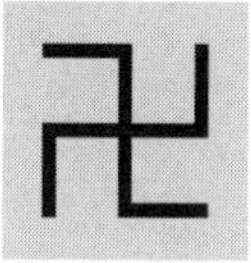

（まんじ ✓）

正答
寺

ナチスじゃなくてよかった

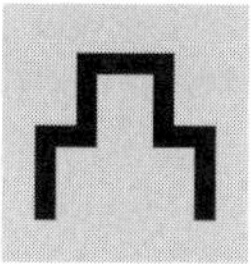

（金銀銅 ✓）

正答
城あと

オリンピックかいな

（ぱんだ ✓）

正答
竹林

3匹のパンダが通る

**家庭科**

問　鯖《サバ》は釣った直後に塩でしめます。それはナゼでしょうか？（岡山県Ａ中学校）

鯖が生意気だったから

**正答例**
サバはすぐに腐ってしまうから寄生虫などがいるから

マグロ先輩が体育館裏に呼び出しちゃって？「サバのくせに生意気だ、ゴルァ」みたいな？

**国語**

問　漢字を書きましょう。（？県？小学校）

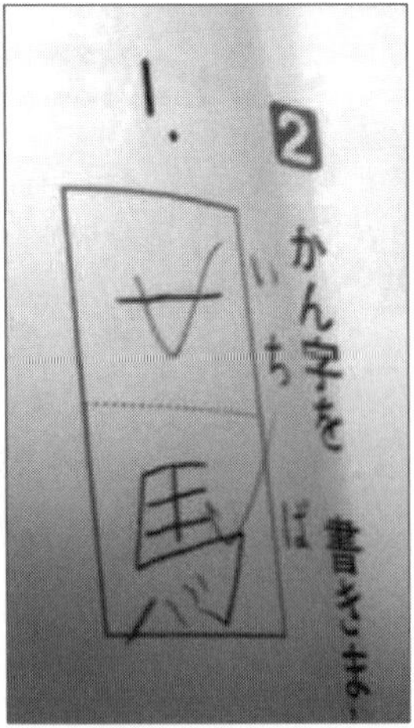


**正答**
市場

『一馬』（※現在は『優馬』）という競馬新聞がありますが、もしかして…。お父さん、たまには土日にどこかへ連れていってあげて

問　沖縄県に生息している天然記念物の猫の名前を答えなさい。（北海道｜小学校）

ウラオモテヤマネコ

正答
イリオモテヤマネコ

腹黒いヤマネコなんですね

問　A＞Bを証明せよ。（神奈川県A中学校）

数学

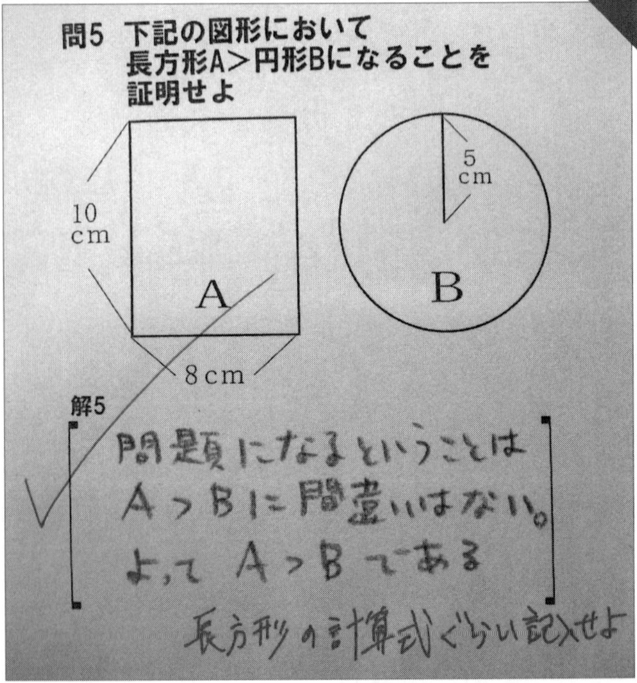
問5　下記の図形において
長方形A＞円形Bになることを
証明せよ
10 cm
A
8 cm
5 cm
B
解5
問題になるということは
A＞Bに間違いはない。
よってA＞Bである
長方形の計算式ぐらい記入せよ

正答

Aの図形　10 × 8 ＝ 80㎠
Bの図形　5 × 5 × 3.14 ＝ 78.5㎠
80㎠ ＞ 78.5㎠
よってA＞Bとなる

普通に面積を求められれば別に慌てないのに、問題の形式が変わると途端にイヤになる。特にこの先、相似の問題が出始めるころから、一気に数学が嫌いになるんですよね

問　弥生時代に入り、稲作が広がると戦争が増えました。それはナゼでしょうか？（神奈川県K中学校）

土器を割られたから

弥生時代の人はバカだから

マンモスがいなくなったから、代わりに人を襲った

社会

正答
稲作用の土地を求めて、近隣の集落と奪い合ったから

これが全て真実だとしたら日本は弥生時代に滅んでいたかもしれません

**家庭科**

問　あなたの好きな肉類はなんでしょう？　一つあげて、その理由も記しましょう。（宮城県K小学校）

肉類　ぶたこま

理由　ねだんが安くて、時間がたつとさらに割引されるから

女の子からの投稿でしたがよい主婦になりそうです

**理科**

問　血液の中には白血球が含まれております。さて、その役割は何でしょうか。（岡山県S中学校）

バイキンマンを倒す

正答

体内のウィルスなどを排除する免疫機能

本質は理解できてますよね。テストだから仕方ないですけど

国語

問　次の文章を敬語にしましょう。
（神奈川県Y小学校）

先生が来た。

先生が来たでござる。

先生がいらっしゃった。

正答

忍者ハットリくんの見すぎでござる。ニンニン！

問　明治維新の後、日本陸軍を創設した長州藩出身のこの人物は誰でしょう？（茨城県T高校）

✓ でこぽん

正答
大村益次郎

「維新の十傑」にも数えられる御方なのですが

社会

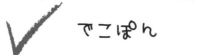

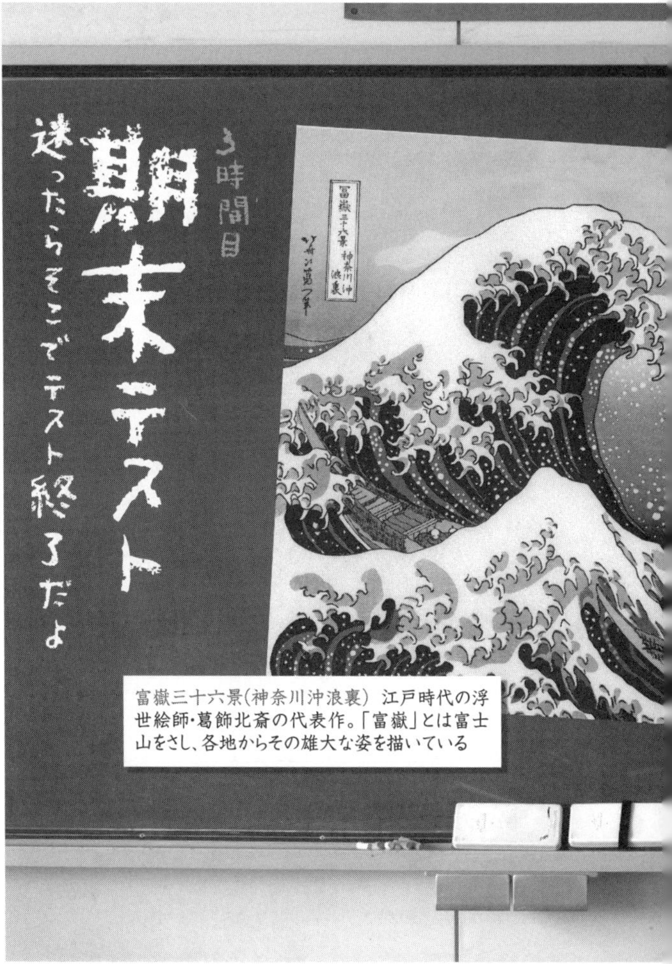
3時間目
期末テスト
迷ったらそこでテスト終了だよ
冨嶽三十六景 神奈川沖浪裏

富嶽三十六景(神奈川沖浪裏) 江戸時代の浮世絵師・葛飾北斎の代表作。「富嶽」とは富士山をさし、各地からその雄大な姿を描いている

問　この絵画は、フランスの画家ミレーによって描かれた油彩で、タイトルを『○○拾い』という。

（大阪府Ｋ高校）

ゴミ拾い

正答

落穂拾い

ナゼこれが芸術なのか。私にもサッパリ理解できません。普通に見ればゴミ拾いですわなぁ

問　①〜④の英単語の意味を答えよ。（N県Y中学校他）

① another　　あのさ〜

正答
別のもの

はい、お呼びでしょうか

② that　　ねこ

正答
あの

そりゃ cat でしょ

③ human　　不満

正答
人間

まぁ、不満のない人間なんておりませんな

④ guitar　　キター

正答
ギター

それはコッチ↓
ｷﾀ━━(ﾟ∀ﾟ)━━!!

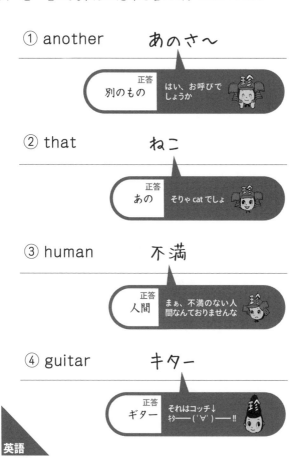

国語

問　夏目漱石の小説『吾輩は猫である』は、書き出しが題名と同じく『吾輩は猫である』で始まるが、その次に続く文章を記せ。
（静岡県Ｙ中学校）

（借金はまだない）

正答
名前はまだない

これから借りる予定なんですね

社会

問　2014年3月、国際宇宙ステーション（ISS）の船長に初めて日本人の宇宙飛行士が就任しました。この宇宙飛行士は誰でしょう？（神奈川県Ｋ中学校）

若田高一

正答
若田光一

来年は若田高二でその次は若田高三…その後の進路は大学か専門っすな

問　HONDAが開発した二足歩行人型ロボットの名は？

（滋賀県S中学校）

（アセモ）

正答

アシモ（ASIMO）

歩いてる途中で「背中が痒い～！」とリアクションします。ウソです

問　空欄に入る言葉を答えなさい。（宮城県K小学校）

正答

金剛力士像

大丈夫、GANTZじゃないから動き出さないよ

問　次の文を和訳せよ。（兵庫県K高校）

Hurry up and you
could catch the train.

ヘンリーが飛び上がって
汽車をつかんだ

正答
急げば電車に
間に合いますよ！

ヘンリーの根性、ぱねぇっす

# ここが変だよ 英語の教科書

文法や単語をムリヤリ押し込めるせいなのか、
英語のテストや教科書には、ときどき
“理不尽な問答”が登場します。
当コーナーでは、そんな例文を
取り上げていきたいと思います。
※原文は若干変更する場合があります

## ①突然「火星とか？」って何事よ

**Don :** [*pointing to sign that says “Express Lane, Ten Items or Less”*] Are you lost or something? Where are you from, Mars?

**Frank:** Oh, is this the Express Lane?

**Don:** 80 **I'm afraid so.** How often do you pull this stunt?

**Frank:** Never.

**ドン：** [『10品以下のお客様が並ぶ特急レジ』の標示を指差しながら] もしかして迷ってるの？　どこ出身だっけ，火星とか（じゃないよね）？

**フランク：** あっ，これって特急レジ？

**ドン：** 80 そうだよ。こんな無謀なこと，どれくらいしているの？

**フランク：** 今まで一度もないよ。

見知らぬ人相手に「火星とか？」というアグレッシブなボケトーク。海外では、こういう会話は普通なんでしょうか？

## ② 嫌われてるね

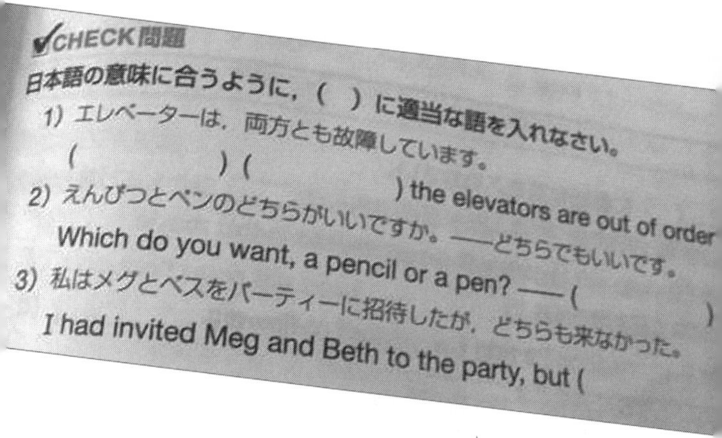
✔CHECK問題

日本語の意味に合うように，（　）に適当な語を入れなさい。

1) エレベーターは，両方とも故障しています。

(　　　　) (　　　　) the elevators are out of order

2) えんぴつとペンのどちらがいいですか。——どちらでもいいです。

Which do you want, a pencil or a pen? ——(　　　　)

3) 私はメグとベスをパーティーに招待したが，どちらも来なかった。

I had invited Meg and Beth to the party, but (

メグさん、ベスさん、パーティに来ず。日頃の行いを悔い改めましょうか

# ここが変だよ 英語の教科書

## ③どう考えても「いい日」でしょ

**Earl:** How was your day, Loretta? Pretty good?
**Loretta:** [139]That all depends. I got a speeding ticket where that cop is always hiding.
**Earl:** Too bad.
**Loretta:** But I also won the lottery.

**アール：** 今日はどうだった，ロレッタ？いい日だったかい？
**ロレッタ：** [139]見方次第ね。警察官がいつも張っている所で，スピード違反切符を切られたの。
**アール：** そりゃ，ひどい。
**ロレッタ：** でも，宝くじが当たったのよ。

Lottery
000-000
speeding ticket
彼の驚きっぷりからして、その宝くじ、かなりの金額っぽいんですけど。スピード違反の切符と比べたら天地の差なんですけど問　1901年に滝廉太郎が作曲した曲で、日本と西洋音楽のメロディを調和させた名曲を答えよ。
（埼玉県Ｓ中学校）

工場の月

正答
荒城の月

労働組合とかにありそうな曲ですね。よくわからんけど

問　□の中にただしい漢字を入れましょう。（？県？小学校）

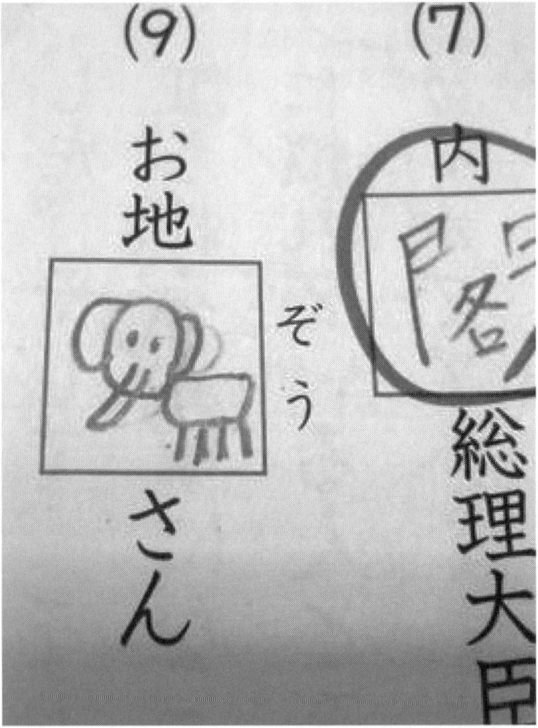


正答
象

この可愛い絵には正解の何倍もの得点価値がある！

**音楽**

問　○に平仮名を入れ、「人を小バカにする」という意味の慣用句を完成させなさい。
（東京都Ｎ中学校）

鼻で（か）（く）（ね）

正答
鼻でわらう

鼻でかくね？　と語尾が揚がるようです。5年前にははなかった間違いですな

**家庭科**

問　ゆでたまごを作るときに注意せねばならないことをあげなさい。（高知県Ｓ小学校）

火を怖がらない

正答例
茹でた直後に水へ浸す、など

野生動物じゃないんだから

英語

問　本文に出てくる『long long ago』とはどういう意味でしょうか。（島根県H中学校）

長い長いアゴ

正答
昔々

アントニオ猪木になっちゃうよ

国語

問　次の言葉に対する語句を【　】の中に入れなさい。（兵庫県Y小学校他）

ア：賛成⇕【アルカリ性】

正答　反対

理科の影響受けすぎ

イ：紳士⇕【変態】

正答　淑女

紳士で変態の人だっています

ウ：夏至⇕【冬至】

正答　冬至

読めるなら、答えわかるでしょ、もう

エ：幸福⇕【貧乏】

正答　不幸

カネがあれば幸せだそうです。なんだかなぁ

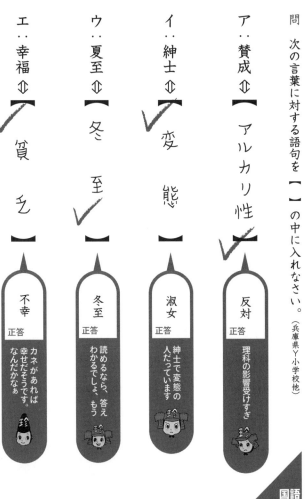

国語

問　□に入る数をこたえましょう。（兵庫県Ｋ小学校））

2×9＝肉

正答

18

おふざけにも程がありますよ〜

社会

問　第二次産業は製造業、第三次産業はサービス業。では、第一次産業とは？（神奈川県Ｈ高校）

水商売、スナック

正答例

農業、林業、漁業、鉱業など

うっかり○をつけちゃう酒好きの教師もいるかも

社会

問　畑の規模の大きい十勝地方では、どんな機械で農作業をしていますか？

（？県？小学校）

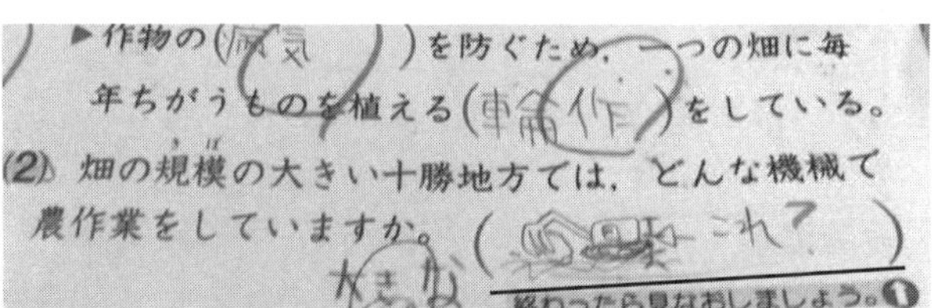

▶作物の（病気）を防ぐため、一つの畑に毎年ちがうものを植える（輪作）をしている。

(2) 畑の規模の大きい十勝地方では、どんな機械で農作業をしていますか。（これ？）

終わったら見なおしましょう。❶

正答例

トラクターや耕作機など

これは絵心ある芸人ですなぁ。ちゃんと重機ってわかるもんなぁ。ただ、これ、畑では使わないかと…

音楽

問　ベートーベンが『交響曲第九番ニ短調　作品125合唱付き』で伝えたかったコトは何だと思いますか？（大阪府K中学校）

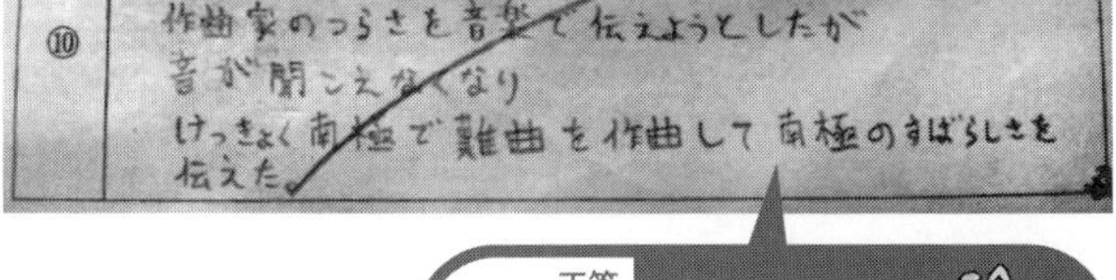

| | |
|---|---|
| ⑩ | あいさつのすばらしさを音楽で伝えようとしたが<br>めんどうなのでやめて<br>作曲家のつらさを音楽で伝えようとしたが<br>音が聞こえなくなり<br>けっきょく南極で難曲を作曲して南極のすばらしさを<br>伝えた |

正答

省略

減点されなかっただけでも良しとしましょうか…

問　次の（　　　）に入る言葉を埋めなさい。（静岡県S高校他）

伊豆へ流布されていた源頼朝は1180年に挙兵すると次々に平氏の軍勢を打ち破り、1185年には（ア　　　　　）の戦いで平家を滅ぼした。間もなく頼朝は、実弟である（イ　　　　　　）に対して追討令を出すと、奥州の藤原氏にその首を討ち取らせ、さらに（ウ　　　　　）年には鎌倉に幕府を開いた。

ア　土壇場

正答
壇ノ浦

意外と土壇場の語源になってたりして

イ　弟

正答
源義経

義弟もいるから正解！　とはなりません

ウ　4192

社会

正答
1192

同問題は、小学生の解答です。『いいくに』を『よいくに』と記憶しちゃったようで、微笑ましい限りです。
（※最近では1185年と言われている）

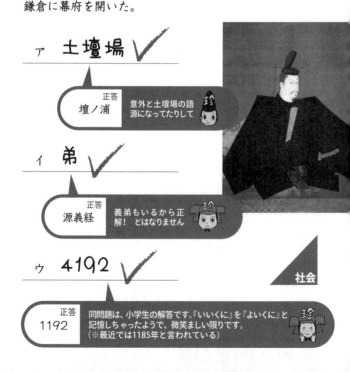

問　『馬耳東風』の意味を記せ。（京都府F高校）

大草原をかける
一頭の孤独な子馬。
僕のお母さんは
どこに行ってしまったの……
そんなとき、母のように
優しい風が東から、
彼の耳を撫でていった。

正答
馬の耳が風で春を感じられないことから転じて、他人の意見を聞かないこと

そんなとき、テストの珍解答から詩人が生まれていった

国語

問　『No Smoking』を日本語に訳せ。（愛知県C中学校）

横綱がいない

正答

禁煙

○○賭博でもやったんでしょうか…

国語

問　強い者がさらに強くなる様子を表した慣用句を「鬼に（　　）」という。（　　）に入る言葉は？（栃木県U中学校）

鬼に（たかる）

鬼に（金棒）
正答

鬼を相手にカネをせびる。最強です。意味は半分合ってるかもです

問　呼吸に使われる身体の器官の名称を答えよ。

（滋賀県Y小学校）

（　柿　）

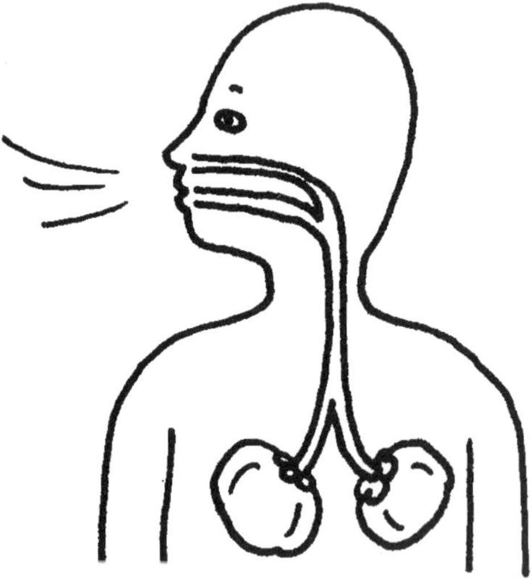

正答

肺

姉なんてのもありそうですな

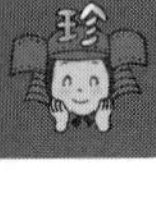



理科

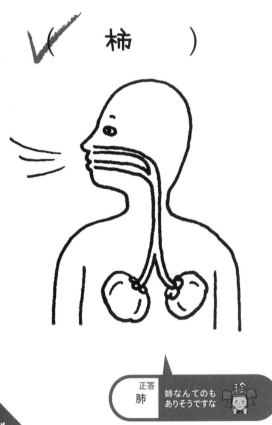

## なんとなく歴史が学べる 日本史鍋コラム

当コーナーでは、歴史上の人物や事件に対する、ちょっとした解説やトリビアを取り上げております。一応、文献に沿った内容ではありますが、おそらく試験の点数には直結しないため、間違ってもテストで書かないでくださいね。あとで苦情を言われても知りませんよ〜。

# 有名武将はイケメン肖像画で！源頼朝、足利尊氏、武田信玄の3人は別人です

歴史の授業を受ける上で肖像画の印象は大きい。

たとえば源頼朝は平家を倒し、その後、義経を追い落としただけに、どことなくツンケンしていて冷徹そう。

足利尊氏が乗っている馬も、いかにも名馬

ご存知鎌倉幕府の初代将軍。足利さんだったんすね…

部下の方が有名になって
いるとは、将軍家も辛い運命ですなぁ

のような躍動感があるし、武田信玄にいたってはギョロリとした目と恰幅の良い姿がいかにも武神っぽい。

　しかし、このようなイメージを作りあげた絵が、全く違う人物を描いていたとしたら？

　過去の肖像画が、誰を描いているか。実はそれが決まったのは、江戸時代後半の１８００年頃にできた『集古十種《しゅうこじっしゅ》』という古宝物図録であった。絵が描かれたときから「これは頼朝、これは尊氏」と伝わってきたのではなく、かなり新しい時代に指定されたものなのだ。

　それぞれの絵を選定したのは松平定信。寛政の改革も手がけた清廉潔白な人物であったので、誰も「違う人です」とは言えず、これまで長い間、頼朝、尊氏、信玄と絶対視されてきた。

が、絵の選定に大した根拠などはなかったようで、現代の研究においては、頼朝は室町時代の足利直義、尊氏は部下の高師直《こうのもろなお》、信玄は能登の武将畠山氏と考えられている。

本当の頼朝とされている木像は下ぶくれで垂れ目、信玄はあごが小さくておちょぼ口の「たこはちろう」を彷彿とさせる顔。結構残念な姿なのである。

これぞ『動かざるごと山のごとし！』って感じなんだけどねぇ

問　次の英文を日本語に訳しなさい。（山形県M中学校）

①  My sister looked after the child.

私の姉は冷蔵庫を見張っている

正答

私の姉が
子供の世話をした

冷蔵庫のチルド室
じゃありません

②  Don't wait for her.

なぜでしょうか？

正答

彼女を待っては
いけません。

問題文に疑問を呈すの
はヤメて下さい。誰かに
片思いでもしてるのかな

問　安政の大獄で大勢の藩士たちを処罰し、その報復として水戸藩や薩摩藩の脱藩浪士に井伊直弼が殺された事件を何と言うか？（東京都U小学校）

桜田門の外

社会

正答
桜田門外の変

ケンカなら外でやってくれ！　ってことでしょうか

問　あなたの身のまわりで、単位量あたりの大きさを使うとよいと思うことを見つけてかきましょう。また、そう思った理由もかきましょう。（？県？小学校）

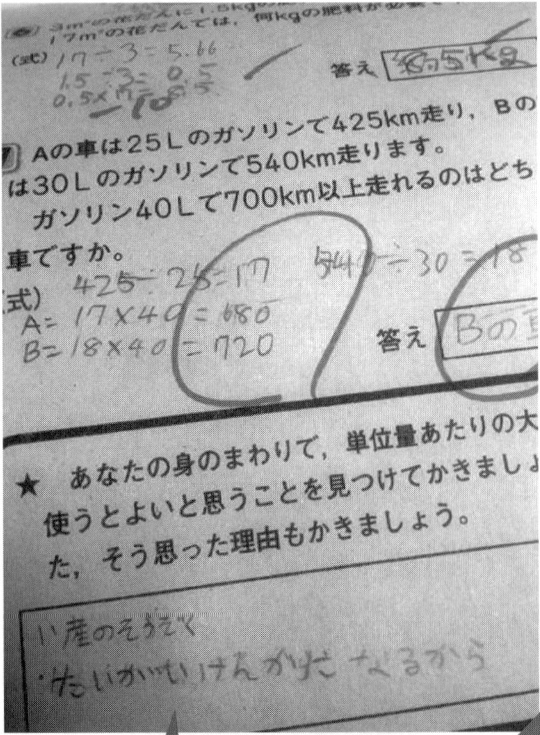
17m²の花だんでは、何kgの肥料が
(式) 17÷3=5.66
1.5÷3=0.5
0.5×17=8.5
答え

Aの車は25Lのガソリンで425km走り、Bの
は30Lのガソリンで540km走ります。
ガソリン40Lで700km以上走れるのはどち
車ですか。
式) 425÷25=17　540÷30=18
A=17×40=680
B=18×40=720
答え Bの

★　あなたの身のまわりで、単位量あたりの大
使うとよいと思うことを見つけてかきましょ
た、そう思った理由もかきましょう。

い産のそうぞく



正答例
省略

遺産の相続に使う単位ってどうなるんでしょう。1骨肉とかなのかなぁ

問　地球温暖化の原因となる二酸化炭素を抑えるため、私たちができることは？（岩手県T中学校）

全世界の人が一斉に息を止める

飛脚や馬を使う

正答例

電車やバスなどを使う

現実路線でお答えお願いします

問　あなたの身近にある点字サービスは何ですか？
（新潟県S中学校）

ケータイの5番

正答例

電車の切符売場など

画面を見てなくてもメールが打てますもんね。みんな、スマホになったら、どうすんだろ

国語

問　状態が悪化して、手の施しようがないことを「医者が（　　　　）を投げる」という。
（　　　　）に入る言葉を入れよ。（東京都〇高校）

# 医者が（ちゃぶ台）を投げる

匙（さじ）

正答

そりゃ星一徹さんですってば

問　ユーラシア大陸の“東端”に位置している島国の日本は、欧米各国を始め、世界から何と表現されているか？
（福岡県K中学校）

黄色い猿

正答
極東

そんな卑屈にならなくてもいいじゃない

問　2008年9月、アメリカの投資銀行が破綻に追い込まれ、100年に一度と言われる金融危機へと発展した。破綻した投資銀行の名称を答えよ。（宮崎県H小学校）

マリオブラザーズ

正答
リーマンブラザーズ

そのココロは、両者ともコインを集めるのが仕事です、ってか？

国語

問　傍線部②で、このときメロスはどんな覚悟を抱いたのでしょうか？

（大阪府K中学校）

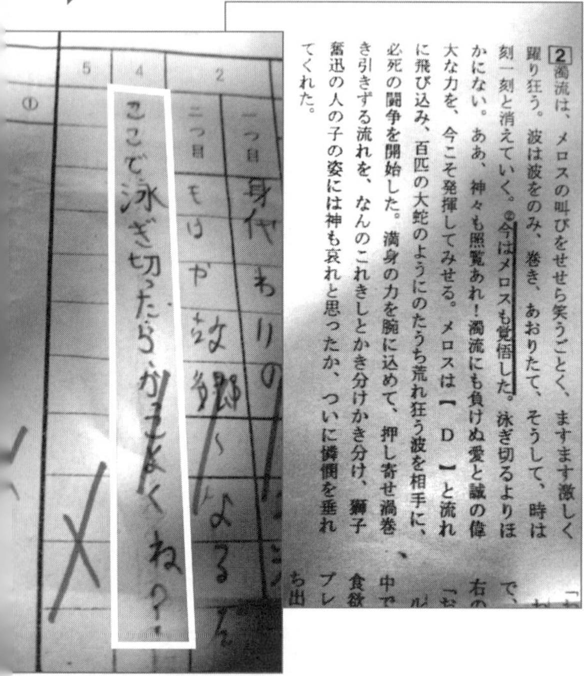
2 濁流は、メロスの叫びをせせら笑うごとく、ますます激しく躍り狂う。波は波をのみ、巻き、あおりたて、そうして、時は刻一刻と消えていく。②今はメロスも覚悟した。泳ぎ切るよりほかにない。ああ、神々も照覧あれ！濁流にも負けぬ愛と誠の偉大な力を、今こそ発揮してみせる。メロスは【　D　】と流れに飛び込み、百匹の大蛇のようにのたうち荒れ狂う波を相手に、必死の闘争を開始した。満身の力を腕に込めて、押し寄せ渦巻き引きずる流れを、なんのこれきしとかき分けかき分け、獅子奮迅の人の子の姿には神も哀れと思ったか、ついに憐憫を垂れてくれた。


正答

濁流で死ぬかもしれないが、愛と誠のために泳ぎきらなければならないということ

カッコつけた気持ちが完全に0だったのか？本人に聞いたら、そうとも言い切れない部分はありそうですよねー

問　次の英文を訳せ。（埼玉県Ｒ中学校）

社会

Heidi lives in the Alps
with her grandfather.

平次は親分と
アルプスで暮らしたい？

正答

ハイジはアルプスで
祖父と暮らしている

ハイジと銭形平次？　どんな
放送になるのか。まずはアニ
メかドラマから決めましょう

# ここが変だよ 英語の教科書

文法や単語をムリヤリ押し込めるせいなのか、
英語のテストや教科書には、ときどき
“理不尽な問答”が登場します。
当コーナーでは、そんな例文を
取り上げていきたいと思います。
※原文は若干変更する場合があります

## ① ウ〇コでも握ったのかい？ （兵庫県？中学校）

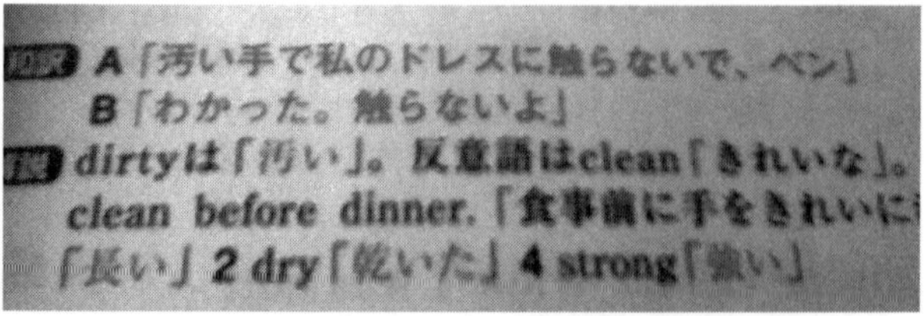

A「汚い手で私のドレスに触らないで、ベン」
B「わかった。触らないよ」
dirtyは「汚い」。反意語はclean「きれいな」。
clean before dinner.「食事前に手をきれいに
「長い」2 dry「乾いた」4 strong「強い」

英文にすると以下のような感じでしょうか。『Don't touch my dress with your dirty hands.』にしてもベン君、何に触れたんよ？　相当なモノでないと、ここまで怒られないっしょ

## ②もはや虐待です

The children had continued
to swim for 24 hours.

【訳】その子供たちは24時間泳ぎ続けた

先生はそれを見ていたんでしょうか？
虐待、ダメ、絶対！　あるいは船が難
破して漂流したんでしょうかね(´・ω・`)

## ③ストーカー、コエェエエエ！

He said that he called up
100 times to you.

【訳】彼は、あなたに100回
電話をしたと言っていた。

ハンパなストーカーじゃあり
ません。これはもう警察へ
電話してよいレベルでしょう

## ④虫歯天国 (岐阜県O高校)

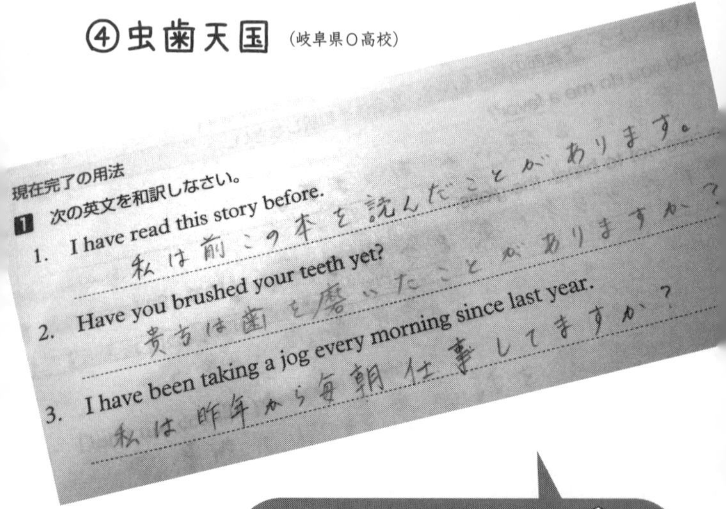
現在完了の用法
1 次の英文を和訳しなさい。
1. I have read this story before.
私は前この本を読んだことがあります。
2. Have you brushed your teeth yet?
貴方は歯を磨いたことがありますか？
3. I have been taking a jog every morning since last year.
私は昨年から毎朝仕事してますか？

虫歯だらけになっちゃうよ…。まぁ、これは「歯は、もう磨きました？」って意味なんでしょうけど

問　次の英文を和訳しなさい。（広島県S中学校）

He named his son Masayoshi.

彼の名前は
『ソンマサヨシ』
と言います

英語

正答

彼は自分の息子をマサヨシと名づけた

問題を作った先生、かなり意地悪ですね〜。いわゆるS+V+O+Cの第五文型で、O（目的語）をC（補語）にするってやつですな

問　「自」というかん字の使われたことばと文しょうを書きましょう。（？県？小学校）

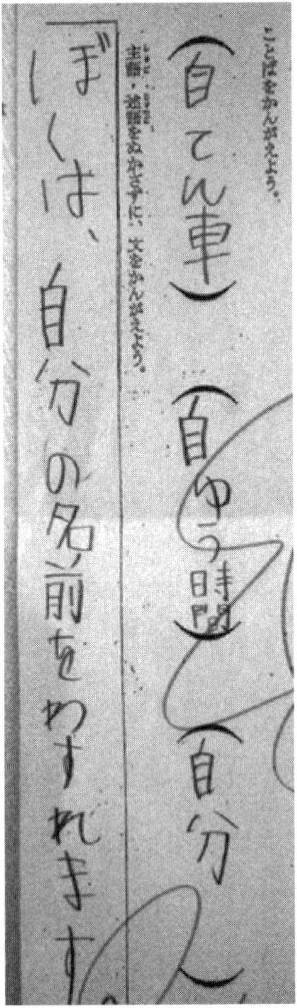
ことばをかんがえよう。
（自てん車）
（自ゆう時間）
（自分）
主語・述語をぬかさずに、文をかんがえよう。
ぼくは、自分の名前をわすれ

省略

正答

考えに考え、自分の名前を忘れるほど考える――。哲学ですね

珍

問　アメリカ出身の飛行機発明者で、世界で初めて飛行に成功した兄弟の名前は？（千葉県Ｓ中学校）

バイト兄弟

社会

正答
ライト兄弟

時給 1,300 円ぐらいは稼いでそうですな

問　『タクシーを呼んでください』を英語に直せ。

（長野県T中学校）

Please call me a taxi.

---

正答

Please call a taxi for me.

『私のことをタクシーと呼んでください』。呼んでもいいけど、ちゃんと返事してよ

問　『My dream is to run for the Diet.』を和訳せよ。（東京都A中学校）

私の夢は走ってダイエットすることです。

正答

私の夢は国会議員に立候補することです。

run はややこしい。『経営する』とかの意味もあるし、ここでは『立候補する』という。って、マジで勉強になりますな

## 日本史鍋コラム

当コーナーでは、歴史上の人物や事件に対する、ちょっとした解説やトリビアを取り上げております。一応、文献に沿った内容ではありますが、おそらく試験の点数には直結しないため、間違ってもテストで書かないでくださいね。あとで苦情を言われても知りませんよ〜。

# 暗黒の中世日本史！オリーブ1本で人が売られていたなんて

世界では子供が売られているという悲しいケースが未だ絶えないというが、日本でも昔は大いにあった。

ダマされて外国に売られた人から、のちの天下人まで「人身売買」経験者はかなり多かったのである。

1585年、大分出身の8歳の少年が奴隷

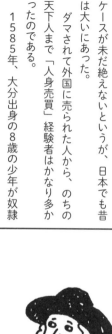

## 日本史鍋コラム

としてポルトガル商人に売られたが、その値段が１年間あたり７ペソ。これがどんな値段かというと、当時の高級オリーブオイルの値段（８ペソ）とほぼ同じなのだから、料理人もこみちもびっくり！

日本国内では、親が８歳の息子を売った値段が５００文。現在価格で約４万円である。オリーブオイルに比べれば、まだマシとはいえ、下っ端役人の衣装の５分の１という価値だから、これまた悲しい。

では、一番ビックな値段で売られた人をご紹介。なんとあの徳川家康さんである。

大名の息子として誘拐されたため、いわば身代金として敵方の織田家に売られた価格であるが、それが何と５００貫（50万文）。現在の価格なら４０００万円くらいである。

庶民の奴隷の１０００倍で大名の息子が買えてしまう。安いんだか、高いんだか、なんとも言えない中世の「人のお値段」である。

# 関ヶ原合戦で小早川秀秋は裏切り者じゃなかった

天下分け目の戦い。日本史上、最も劇的な合戦で、とりわけ注目されるのが、裏切り者の小早川秀秋である。

戦線が膠着すると、突如西軍の横っ腹めがけて駆け降り、わずか半日で決着をつけてしまったのだから、その悪名は轟いてしかるべきだろう。しかも、この小早川、合戦の直後に若くして急死してしまうのだから、さらに劇的だ。

そのため人々は、『西軍の恨みで呪い殺された』などと噂しあったというが、実は彼、最初から東軍だったのである。

かつて小早川は、豊臣秀吉と、その子分石田三成に酷くイジめられていた。その時に優しくしてくれたのが、他ならぬ東軍の徳川家康。開戦前からどちらの味方になるかは一目瞭然で、そもそも彼が陣を張った山も西軍の敵を蹴散らして入ったものである。最初から、バリバリの東軍だったのだ。

では、なぜ裏切り者にされてしまったのか？

昔は、誰かが急死すると、すぐに『呪い

だ。悪いこと（西軍を裏切った）をしたから呪われた！』となってしまう。つまり、人々の思い込みが誤解の真相なのである。

肖像画から見るだけでも
ナヨナヨっとしてるんですよね

音楽

問　他国から侵略されることが多かったポーランドでショパンが愛国心を表すために作ったといわれる曲名を答えなさい。（東京都N高校）

# 軍隊カルボナーラ

正答
軍隊ポロネーズ

軍隊ボンゴレとか軍隊アラビアータとかシリーズを発売したら結構売れそう

問　次の漢字の読み方を記しなさい。（東京都K中学校他）

①男は40代から「働き盛り」だ

（はたらきもり）

はたらきざかり

正答

居酒屋の刺し身じゃないんだから

②「添付」ファイルを開く

（そなえつけ）

てんぷ

正答

メールに家具とか付いてたら恐ろしや〜

③食後に「果物」を食べる

（かもつ）

くだもの

正答

コンテナとか食べちゃダメ

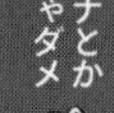

④「今昔物語」を読む

（こんにゃくものがたり）

こんじゃくものがたり

正答

本がくにゅくにゅしてそうですね

問　この人物は足尾銅山の鉱毒事件について、その惨状を訴えるために明治天皇に直訴した政治家です。さて、その名前は何でしょう？（神奈川県Ａ中学校）

西田としゆき

正答
田中正造

なるほど、これは映画化のときにぜひとも主役にお願いしたいすね

社会

国語

問　武者小路実篤は、どんなことをした人物でしょうか。詳細を記しなさい。（東京都M高校）

侍道を極めた人。
結婚してます。子供は2人。
いい人です。

---

正答例
文学雑誌『白樺』を創刊した小説家。代表作として『お目出たき人』や『友情』などがある。

ご近所さんの紹介じゃないんだから…。それより〝武者〟だからって、侍と決めつけないで

問　市長などの自治体首長に対して職を辞することを求めるのを（　　　）という。（　　　）に入る言葉を答えなさい。（東京都M高校）

（ワコール）

正答
リコール

男の市長がワコールを付けていたら、迷わずリコールしましょう

社会

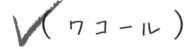

問　四字熟語を漢字になおし、その意味を答えなさい。（愛知県K中学校）

ばじとうふう

漢字
羽地豆腐

意味
豆腐が地面からはずむこと

漢字　馬耳東風
意味　人の意見を聞かないこと
正答

ずいぶんと元気な豆腐だなぁ

社会

問　江戸時代に整備された「日光街道」は江戸とどこを結ぶために整えられた道であるか？

（石川県H高校）

日光猿軍団

正答
日光東照宮

当時のタローちゃんに会いに行ってたんすかねー

問　（　あ　）に当てはまる適切な語句を埋めよ。

（愛知県M中学校）

台風は一般に（　あ　）が低くなると、勢力が強くなるとされている。

（　血　圧　）

正答
気圧

朝が起きられなくなっちゃいそうだね

理科

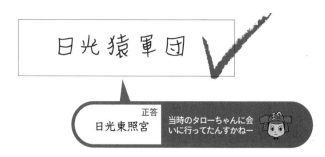

問　次の——線部のひらがなを漢字に直しなさい。（長野県？中学校）

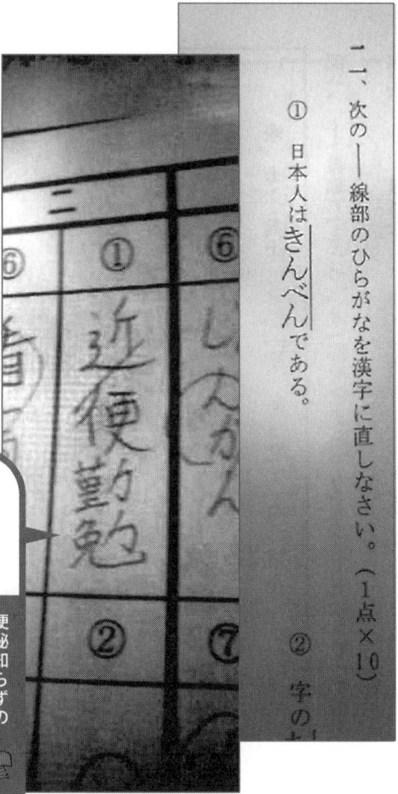
二、次の——線部のひらがなを漢字に直しなさい。（1点×10）
① 日本人はきんべんである。
② 字の
近便

勤勉
正答

便秘知らずの民族になっちゃったぁ！

問　42才の若さでアメリカ26代大統領に就任し、日露戦争の停戦を仲介したことなどから、後にノーベル平和賞を受賞した人物の名は？（東京都K高校）

ドアノブ・ルーズベルト

社会

正答
セオドア・ルーズベルト

薄気味悪くて握れないですよ

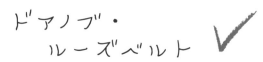

理科

問　塩の化学記号を記せ。（香川県S小学校）

Sio

正答
NaCl

海外アーティストみたいだなぁ。しょっぱい曲でも歌ってくれるんでしょう

家庭科

問　日本人で一番多い死因は何でしょうか？
（埼玉県K中学校）

孤独死

正答
ガン

社会問題をヒシヒシと感じさせてくれます。思わずシンミリしてもうた

問　下記の問いに答えなさい。（？県？中学校）

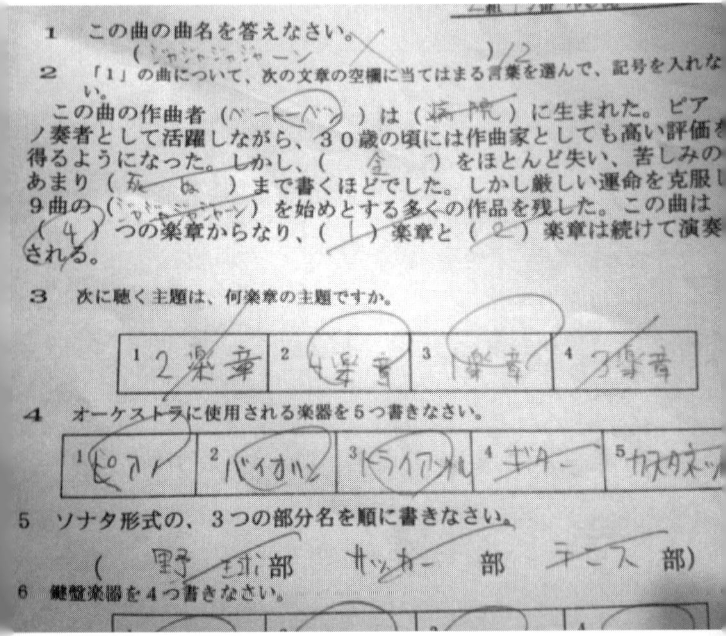

1　この曲の曲名を答えなさい。
（ジャジャジャジャーン　）
2　「1」の曲について、次の文章の空欄に当てはまる言葉を選んで、記号を入れなさい。
この曲の作曲者（ベートーベン）は（病院）に生まれた。ピアノ奏者として活躍しながら、３０歳の頃には作曲家としても高い評価を得るようになった。しかし、（　金　）をほとんど失い、苦しみのあまり（死　ぬ　）まで書くほどでした。しかし厳しい運命を克服し９曲の（ジャジャジャジャーン）を始めとする多くの作品を残した。この曲は（４）つの楽章からなり、（１）楽章と（２）楽章は続けて演奏される。

3　次に聴く主題は、何楽章の主題ですか。

| | | | |
|---|---|---|---|
| 1　2楽章 | 2　4楽章 | 3　1楽章 | 4　3楽章 |

4　オーケストラに使用される楽器を５つ書きなさい。

| | | | | |
|---|---|---|---|---|
| 1　ピアノ | 2　バイオリン | 3　トライアングル | 4　ギター | 5　カスタネッ |

5　ソナタ形式の、３つの部分名を順に書きなさい。
（　野球部　サッカー部　テニス部）
6　鍵盤楽器を４つ書きなさい。

正答
省略

1の聞き取り問題は、皆さんのご想像通り、『運命』が正解です。カタカナでもわかる曲って、ベートーベンは本当に偉大ですなぁ

国語

問　次の傍線部の漢字をひらがなで記せ。（東京都K高校）

①船が警笛を鳴らす

（さいれん）

けいてき
正答

意味は合ってるね

②卵から稚魚が生まれた

（ざこ）

ちぎょ
正答

たしかに大半は他の魚のエサになりますが

③北海道の網走へ出かける

（つなひき）

あばしり
正答

ちょっとは文脈を考えてよ…

④『天平の甍』※井上靖の小説

（てんごくのやわら）

てんぴょうのいらか
正答

谷亮子サンを殺さないでください

問　1854年に日本がアメリカと結んだ条約を何といいますか。（新潟県T小学校）

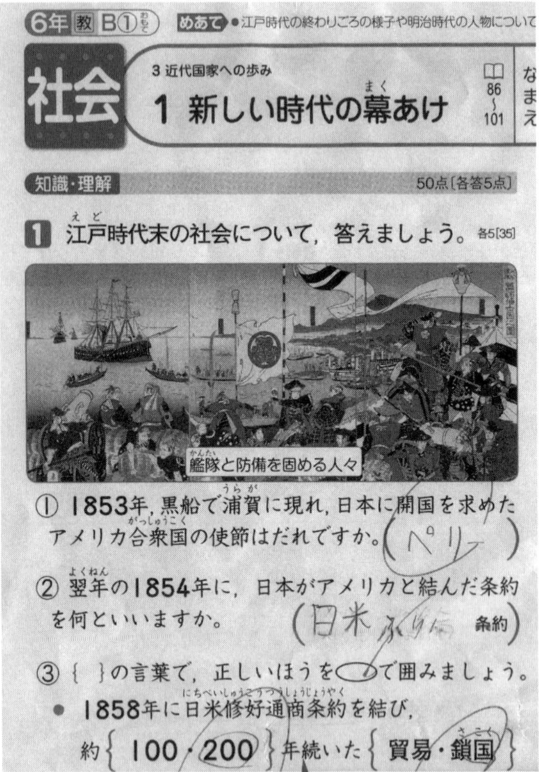
6年　教　B①　おもて　めあて ●江戸時代の終わりごろの様子や明治時代の人物について

社会　3 近代国家への歩み
1 新しい時代の幕《まく》あけ　86〜101

知識・理解　50点〔各答5点〕

1 江戸《えど》時代末の社会について，答えましょう。各5〔35〕

艦隊《かんたい》と防備を固める人々

① 1853年，黒船で浦賀《うらが》に現れ，日本に開国を求めたアメリカ合衆国《がっしゅうこく》の使節はだれですか。（ペリー）

② 翌年《よくねん》の1854年に，日本がアメリカと結んだ条約を何といいますか。（日米　　条約）

③ ｛　｝の言葉で，正しいほうを◯で囲みましょう。

● 1858年に日米修好通商条約《にちべいしゅうこうつうしょうじょうやく》を結び，約｛100・200｝年続いた｛貿易・鎖国《さこく》｝

正答
日米和親条約

江戸時代の終わり頃。日本とアメリカで危険な恋が始まった…。「不平等条約」というのが頭に残っていたのでしょう

問　タンパク質の豊富な大豆は、畑の（　　　）と呼ばれている。（栃木県K中学校）

横綱

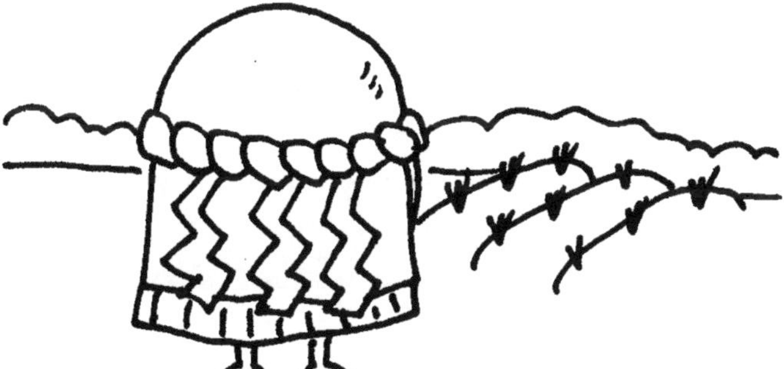

正答
肉

意味的にはその通り！

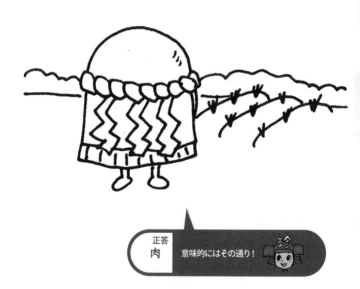

問　①〜③の問に答えなさい。（広島県S中学校）

①夏になっても気温が10℃未満で、永久凍土は溶けるものの、1年のほとんどを氷雪に覆われている気候のことを○○○○気候という。

✓ ツンデレ気候

正答
ツンドラ気候

オレはツンツンしかなくてもいいさ、尻が軽けりゃ。それが大人ってもんだ

②北米大陸の西側を縦に走る山脈の名称を答えよ。

✓ ミッキー山脈

正答
ロッキー山脈

ミッキーマウスがたくさん住んでいる山脈のことですね

③中国とヨーロッパを結ぶ交易の道のことを、主に絹を運ぶことから何と呼ばれた？

✓ シルク道路

正答
シルクロード

もう正解でよろしいんじゃありませんか。教育委員会の皆さん、ご検討ください

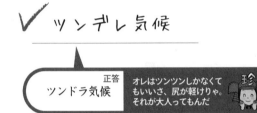

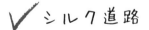

問　次の英文を日本語に訳しなさい。（神奈川県T高校）

I throw it into the trash box.

私は伊藤を
ゴミ箱に投げた

英語

正答

私はそれを
ゴミ箱に投げた

itを伊藤と勘違いしたのか
intoを伊藤と勘違いしたのか。
ま、ドッチでもいいっすな

問　季語を一つ入れ、俳句を作りましょう。（千葉県K中学校）

金だけは
裏切らないよね
冬の夜

正答例
省略

女性のことを詠んだ句ですね。もっとも、金が続く限り、女性には裏切られないハズですが

社会

問　沖縄は昔（　　）王国という1つの国でした。何という国でしたか？（福岡県S小学校）

（ぐしけん王国）

正答
りゅうきゅう王国（琉球王国）

チョッチュネ〜。具志堅サンの影響力、デカイっちゅね〜

4時間目
卒業テスト
珍解答の思い出、プライスレス

坂本龍馬　土佐藩を脱藩した後、倒幕や明治政府の樹立に多大なる影響を与えた幕末の英雄

**音楽**

問　『運命』や『第九』の作曲者として名高いベートーベンは1770年、(　　　)のボンで生まれた。(兵庫県K高校)

ええとこ

正答
神聖ローマ帝国

昔の日本では、男児がピアノを習う家はお金持ちと相場が決まっておりました

**理科**

問　日本は春になると、その到来を告げる強い風が吹きます。この風は『(　A　)一番』と言われる。(群馬県T中学校)

(元気が)一番

正答
(春)一番

猪木じゃないんだから

問　次の線の部分を漢字で答えよ。（？県？小学校）

携帯電話が広がったため、こうしゅう電話が激減している

口臭電話

公衆電話

正答

こんな電話使いたくねー。だから街から消えちゃったんでしょうかね

社会

問　電流、磁界、電流にはたらく力の向きの関係を、3本の指の向きで表した法則を何というか。（北海道M中学校）

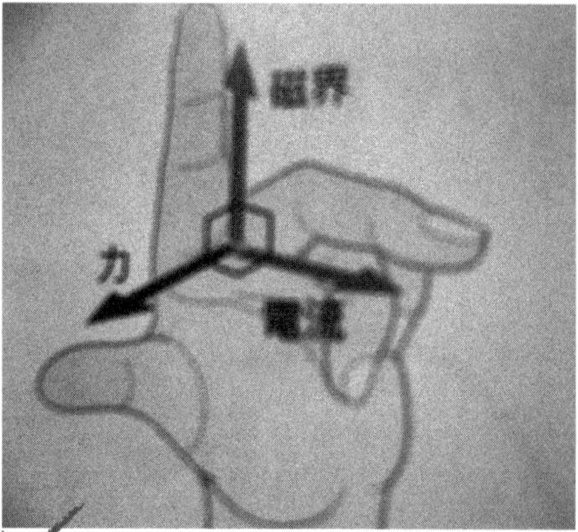


# チェケラッチョの法則

正答
フレミング左手の法則

もう、ラップやってる人の手が全部左手の法則に見えてきました。ちなみにチェケラッチョは、『Check it out, yo!』だそうです

国語

問 傍線部の読み方を記しましょう。（北海道E小学校）

テスト期間は3日続く

きあいだ

きかん

正答

テスト中、10回連呼できたら神認定です

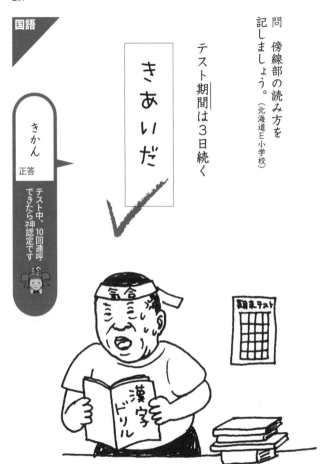

社会

問　1945年に発足した国際連合(ＵＮ)は、どんな国際機構のことか。(宮城県Ｓ中学校)

世界中の暴走族が集まり、初日の出暴走などを行う。ブラックエンペラーみたいなもの

正答
安全保障を主にした代表的な世界的機関

これはマジで見てみたいです。アメリカ代表とかすごそう…

国語

問　夏目漱石の作品をひとつ挙げよ。(栃木県Ｏ中学校)

(　先輩は猫である　)

正答例
吾輩は猫である
坊っちゃん　など

どんな部活っすか＞＜猫と戯れるだけの猫部？　いいなぁ

国語

問　次のカタカナ部分を漢字で答えなさい。（埼玉県R中学校他）

①次の試合にキタイする。
（期待）

②ジュウオウムジンに駆け走る。
（獣王無人）

③中学校をソツギョウする。
（卒牛）

④ホウカゴに部活をする。
（放火後）

①正答　期待
サムライになってどないすんねん

②正答　縦横無尽
サバンナの草原を彷彿させる。悪くないですな

③正答　卒業
高校では立派なウシになります！

④正答　放課後
背筋がゾッとするから止めて…

# ここが変だよ 英語の教科書

文法や単語をムリヤリ押し込めるせいなのか、
英語のテストや教科書には、ときどき
“理不尽な問答”が登場します。
当コーナーでは、そんな例文を
取り上げていきたいと思います。
※原文は若干変更する場合があります

## ①やたらしつこいAさんに困るBさん (神奈川県K高校)

| | |
|---|---|
| A: What's wrong? | A: どうしました？ |
| B: I feel sick. | B: 体調が悪いです。 |
| A: You don't look well. | A: 具合が悪そうですね。 |
| B: I have a headache. | B: 頭痛がします。 |
| A: Do you have a cold? | A: 風邪を引きましたか？ |
| B: Yes. | B: はい。 |
| A: Why? | A: どうして？ |

体調が悪いってのに、何回も同じことを聞かないであげてよ、Aさん。色んな表現を詰め込みすぎ

## ② 物理的に無理がありすぎる （福岡県Y中学校）

A: Thousands of people gathered my classroom.
A: 何千もの人々が私の教室に集まった

無理！　学校ならまだしも、
教室に集まったら死ぬ！

## ③ 痛いとこをつく （東京都N高校）

B: A book is not always a good book just because it is written by a famous writter.
B: 有名な人が書いてるからって、本がいつも良書とは限らない。

あはははは。この本こそ
悪書ですかね。くっそぅ

## ④ 先送り主義 （兵庫県T高校）

E: Without mentioning the problem any more, they began living together again.
E: 彼らはその問題をそれ以上話し合うことなく、再び一緒に暮らし始めた。

あーあ。ちゃんと話し合わないと、いずれ
また同じ問題でケンカになっちゃうよ。んで、
片方が家を出て行くことになったりしてさぁ

保健体育

問　日本で生まれた、長距離をつなぐリレーのことを何というか？（沖縄県Ｄ中学校）

駅　弁

正答
駅伝

テスト中に腹が減ることは多々ありますが、そのまま「駅弁」と書いてしまうのは珍しいですなぁ

英語

問　次の文章を和訳せよ。（青森県Ｈ中学校）

I feel a heavy pain in my head.

私の頭の中に大きな
パイナップルを感じます

正答
頭痛が酷いです

詩人すぎる。言葉のチョイスが岡本太郎並ですな

問　次の言葉を用いて適切な文章を作成せよ。（福岡県M中学校）

『まさか〜だろう』

まさかり
かついだ
金太郎

正答例

まさか安倍晋三が2度も首相になるとは、誰も思わなかったことだろう

見事だなぁ。私が教師だったら配点の2倍差し上げます

国語

問　魚の漁には様々な方法がありますが、はえなわ漁やまきあみ漁のほかにどんな漁法があるでしょう。（新潟県M小学校）

ゆうわく漁
メスを泳がせ、
オスの魚をおびき寄せる

社会

正答例
地引き網漁、
さしあみ漁、一本釣り漁など

人間界では、その漁のことを美人局と言います。助平オヤジがよく釣れるそうです

国語

問　かん字のよみかたをかきましょう。（愛知県N小学校）

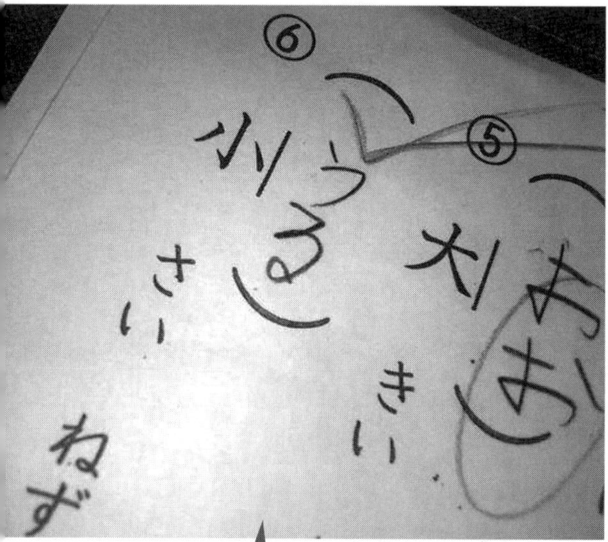


正答
ちい

ねずみが嫌いなご様子ですね。噛まれたりした苦い思い出でもあるんでしょうか

国語

問　「かぐやひめ」は、なんでそのような名前をつけられたのでしょう？（愛知県〇小学校）

（かぐ屋さんの子供だったから）

竹の中でかがやくキレイな子供だったから

正答

月に帰らずニトリやIKEAで修行をしているそうです

保健体育

問　交通事故の被害者を見かけたら、まず先にとるべき行動を答えよ。（福岡県K中学校）

警察に連行する

正答例
呼吸を確かめる
意識を確かめる

死んじゃうって。早く119に連絡してあげて

国語

問　□の中にただしいかん字をいれましょう。（北海道T小学校）

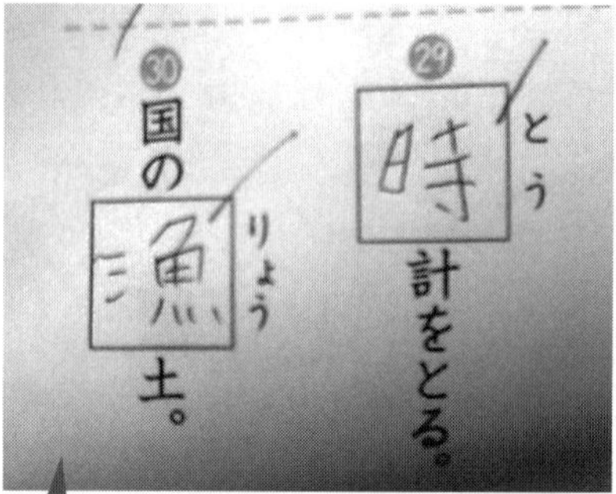


正答
統　領

平野でも山の中でも至るところで魚がとれそう

社会

問　1918年、シベリア出兵のために米の買い占めが起きて、価格が急騰した。その結果、富山の主婦たちは何を行ったか？（東京都U中学校）

米の品種改良を行った

正答
米騒動を起こした

前向き！　こういうメンタルって大事ですよね

問　傍線部の漢字をひらがなで記せ。（埼玉県H高校）

お寺の和尚さん

かずひさ

正答　おしょう

好きな人の名前でしょうか…

国語

## 日本史鍋コラム

当コーナーでは、歴史上の人物や事件に対する、ちょっとした解説やトリビアを取り上げております。一応、文献に沿った内容ではありますが、おそらく試験の点数には直結しないため、間違ってもテストで書かないでくださいね。あとで苦情を言われても知りませんよ〜。

# 暴れな〜い将軍徳川家重は女だった⁉

初代家康から慶喜まで。徳川15代将軍のうち、第9代家重が女だったと言ったら鼻で笑われるだろうか。

しかし、これは結構マジな話。家重は在任中から『異常な将軍』として世間に知られており、基本的に表には出ず、大奥に入り浸っていた。

肖像画を見る限りは、ちょっと変なオジサンです

そのため酒浸りで女好きの廃人と言われ、城外のお寺にいくときも、わざわざ自分専用の屋外トイレを何か所も作らせたので、「小便将軍」という情けないアダ名まで付けられていた。その声もごくわずかな側近しか聞いたことがなく、状況証拠だけでもかなりグレーである。

　昭和30年代に入り、将軍家の墓を修繕するときに遺体の調査が行われた。

　すると家重の遺体は、正室や側室など、一般的に女性が埋葬されるときのカタチ、正座で眠っていた。他の将軍は皆あぐらをかいていたにもかかわらず、である。

　そして骨も、ほかの将軍と比べて非常に細く、骨盤の大きさなどは女性の数値。さらに肋骨には、長い間締め付けられたと思しき奇形が残っていた。大きくなった胸を隠すためだと説明がつく。

　家重は女…。だからと言って日本が今さら引っくり返ることはないが、もしそれが事実だとしたら、結構な驚きではなかろうか。

## 赤穂浪士が本当に切りたかったのは伊達政宗だった!?

ときは元禄、1701年に赤穂藩主の浅野

## 日本史鍋コラム

内匠頭が、江戸城・松の廊下で吉良上野介に刀で斬りつける事件が起きた。

これにて浅野内匠頭は切腹。取り潰しとなった赤穂藩四十七人の元藩士たちは、1年9か月後に吉良邸を襲撃して、見事、あだ討ち――。

ご存知、忠臣蔵であるが、そもそも浅野内匠頭はなぜ激高したのか。その理由は諸説あり、今も定かではないが、その背景にはある有名な人物がいる。伊達政宗だ。

豊臣秀吉が天下の頃。浅野長政と大げんかをした伊達政宗は絶交状を叩きつけ、その後も両家は絶縁状態が続いた。

しかし、幕府は「100年たってもこれでは仕方がない」と、あえて伊達と浅野の支藩である、浅野内匠頭と伊達村豊という3万石をペアにして、朝廷からの使いの接待役に任命したのである。

ただ、浅野内匠頭は、どうにも真面目すぎる人間だったらしい。先祖の伝統と幕府の間で板挟みになり、そこに幕府の意向で現れた吉良上野介に「いつまでも過去を引きずっているんじゃないよ」とでも言われたのだろう。

そう考えると、浅野内匠頭が本当に斬りたかったのは吉良ではなく伊達政宗であったハズ。まぁ、もし政宗が存命だったとしたら、赤穂浪士47名もウマいことごまかされ、ヘタすりゃ召し抱えられたかもしれないが。

ははーん

理科

問　ダイヤモンドは炭素からできており、鉛筆に用いられる「グラファイト」も同じく炭素からなっているが、両者の硬さが違うのはなぜか？（神奈川県K高校）

（金持ちが
見栄を張るために
硬くしたから）

ダイヤモンドは
原子と原子の結びつきに
隙間がないから
正答

ちなみにダイヤみたいに
硬くするには、高温と高
圧力が必要になります

問　次の英文を日本語に訳しなさい。（兵庫県K高校）

Rice grows up in warm country.

✓（　理沙は暖かい国で育つ　）

正答
米は暖かい国で育つ

さぞかし美しい娘さんに育ってくれそうです

問　トマトやスイカなどの作物をビニールハウスで栽培する理由はなんでしょう？（大阪府T小学校）

売るため！

理科

正答

気温を一定に保ち、植物の成長を促すため

将来はミナミの帝王になることをオススメします

国語

問　季語を入れ、俳句を一つ作りなさい。（神奈川県A中学校）

商売が　めっきりヒマだよ　夏休み

正答
省略

ご実家は自営業でしょうか。だとすると、なかなか良い句のような気がします。つか、川柳かな

問　左記の一文は、『更級日記』の一節である。傍線部の意味を答えなさい。（神奈川県K高校）

月の興もおぼえず、**くんじ**臥しぬ。

月への趣をも感じることができず、（九時になると）寝てしまった。

ふさぎこんで

正答

平安時代は電灯がなかったから、寝るのも早かったのね…って、ローソクぐらいあったような

問　オーストリアの首都はどこか？（山梨県N小学校）

ウェーン

正答
ウィーン

泣いてどうする
(´・ω・`)

問　中国の新疆ウイグル自治区にある
世界第二位の大きさの砂漠は？（山梨県N高校）

タマランカ砂漠

正答
タクラマカン砂漠

タマランです
(´・ω・`)

# ここが変だよ 英語の教科書

文法や単語をムリヤリ押し込めるせいなのか、
英語のテストや教科書には、ときどき
“理不尽な問答”が登場します。
当コーナーでは、そんな例文を
取り上げていきたいと思います。
※原文は若干変更する場合があります

## ①失意のEmiさん

Emi : Emi wants to eat nothing,
because she lost her eraser.

エミ：エミは何も食べたくありません。
なぜなら、彼女は消しゴムを無くしてしまったから。

んなもん新しいのを買えばいーじゃん！ どんだけナイーブなのよ

## ②JiroとMikiの会話

Jiro : I have been to Osaka once. It's a great city.
Have you been there, Miki?

Miki : No. I am not interested in Osaka.
I want go to Kyoto.

ジロー：私は一度大阪に行ったことがあります。
すごい大きな都市です。ミキは行ったことある？

ミキ：いいえ。私は大阪には興味がないの。京都に行きたいの。

ミキちゃん、大阪にも興味を持ってあげて。京都から1時間足らずの距離なんだから

## ③AさんとBさんの会話

A : May I help you?

B : Yes,please. I'm looking for a red T-shirt.

A : I think that it doesn't suit you. You should wear somethin else.

A：いらっしゃいませ。

B：あぁ、お願いします。私は赤いＴシャツを探してます。

A：私は、貴方に似合わないと思う。他の何かを着るべきよ。

何様なんでしょうか。このお客さん、絶対に他の店へ行くだろうなぁ。てか、こんな店、すぐに出ていっちまえ

## ④Cさんと Dさんの会話

C : I don't like you.
D : Me too.
C : I like your father.
D : I like your mother.

C : 私はあなたのことが好きじゃありません。
D : 私もです。
C : 私はあなたのお父さんが好きです。
D : 私はあなたのお母さんが好きです。

ちょっと君たち、自分たちが爆弾発言してるの、わかってんの？

問　次の英文を日本語に訳しなさい。（岡山県K中学校）

The price of rice falls.

米王子が滝から落ちる

正答
米の値段が下がる

王子はprinceですね。
ハンカチの値段にすれば
もっと間違いが増えたかも

問　地図記号を答えましょう。（山口県A小学校）

◎　大正解

市役所　正答　花丸なら大大正解かな

　おでん

裁判所　正答　こんにゃく？

　おまた

消防署　正答　Hなこと言わないの

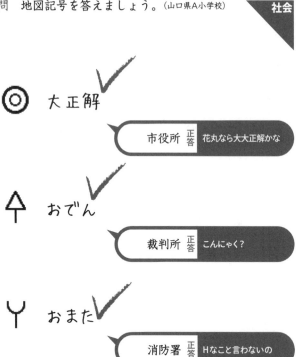

⊕ へそ

保健所 正答 どっちかっつーと、出べソだね

文 文房具屋

小・中学校 正答 授業前日に買い忘れて慌てて駆け込んだなぁ

卍 ドイツ軍

寺 正答 日本にあったら怖すぎっス

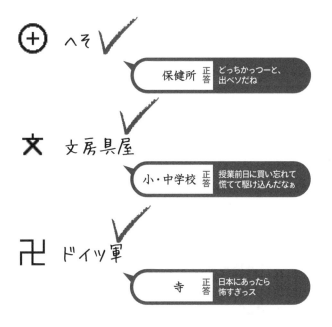

問　『地動説』を唱えた
イタリアの天文学者の名は？
（静岡県M中学校）

ガリガリ ✓

正答

ガリレオ
（ガリレオ・ガリレイ）

省略しすぎたのか。あるいはアイスのことしか考えてなかったのか。たぶん後者だね

国語

問　心が晴れ晴れとしてくるのは「わたし」がどんなふうに思ったからですか。（?県?中学校）

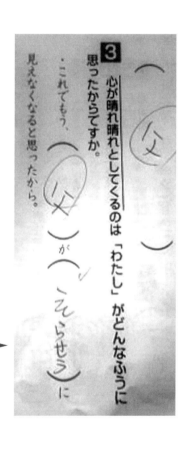

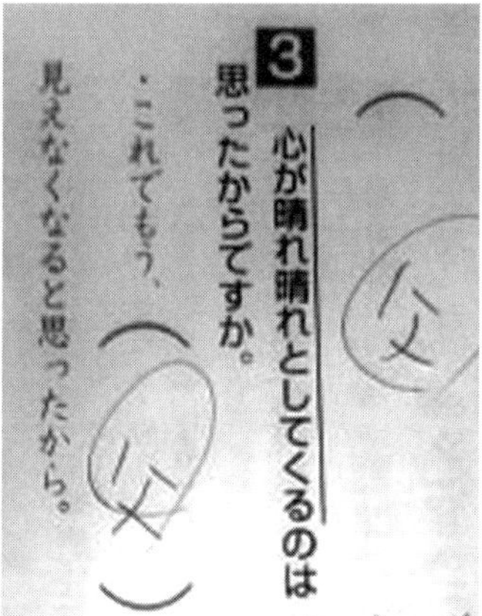


正答
不明

古語的な言い回しで余計に「偉せう」に見えますね

問　次の英文を日本語に訳しなさい。（大阪府N中学校）

I saw a lot of beautiful fireworks last summer.

去年の夏、私は多くの美しい
放火犯を見かけました

正答

去年の夏、私はたくさん
のきれいな花火を見ました

美人だからって警察に通
報するのを控えたんですね。
って、それじゃダメ！

問　南米大陸の南方に位置するペルーは（　①　）の産地として知られております。同国の鉱物輸出品のトップに位置する、この①とは何か。（愛知県T高校）

（　麻薬　）

正答

銅

それ、コロンビアの
ことじゃないっすかね

国語

問　□の中に漢字を入れて四字熟語を完成させなさい。
（神奈川県Y中学校）

油 [の] 大 [将]

正答
油断大敵

一瞬、極楽トンボの山本を思い出しちゃった人もいるはず

## 日本史鍋コラム

当コーナーでは、歴史上の人物や事件に対する、ちょっとした解説やトリビアを取り上げております。一応、文献に沿った内容ではありますが、おそらく試験の点数には直結しないため、間違ってもテストで書かないでくださいね。あとで苦情を言われても知りませんよ～。

# もう敵なんて来ないって！ 窓際族に堕とされた甲賀忍者

忍者と言えば、スパイや暗殺など常に危険な任務についていたと思われがちだ。が、戦国時代ならともかく、平和な江戸時代に入ると、まるでやることがなくなってしまい、大半が盗賊に身を堕とすなどして、歴史の舞台から消えていった。

その中で幕府に雇われたラッキーな忍者もいる。甲賀だ。

忍者ハットリくんで知られる伊賀のライバルで、実力は伯仲していたと言われているが、甲賀も決して幕府に厚遇されたワケじゃない。

徳川政権から危険な技を恐れられた彼らは、重要な役目は与えられず、そこで割り振られたのが、江戸城表門の警備という閑職だったのである。

「いまさら、敵が攻めてくるわけないいじゃん！　ヒマすぎ～」
「もっと心臓がバクバクする任務をくれ～。大奥の覗き、いや、監視とか～」
　彼らは訴えつづけたが、結局、幕府滅亡まで新しい役目はもらえなかった。
　ちなみに服部半蔵で知られる伊賀一族も冷遇されたのは同じで、トイレの見張りなども仰せつかったようだ。
　ハットリ君とケムマキの先祖、カワイソース（;、ロ´）

日本史鍋コラム

# いいかげんに悪者扱いは可哀想 井伊直弼と南海トラフ、首都直下

1853年5月、ペリーが4隻の「黒船」で浦賀にやってきたことで、江戸幕府は鎖国を辞めたとされている。

黒船、どんだけ強いのよ。1万人の武士で襲いかかればいちころじゃないのか？　と考えた方もおられるだろう。

当初、ペリーが日本と結んだ条約は、アメリカの船が立ち寄ったときに水や薪（燃料）を買わせてくださいという、割と低姿勢のものだった。

それが5年後には、日米修好通商条約という不平等条約へ発展してしまう。これは、輸入品の税金を日本が決められず、外国人の犯罪を裁けないなど、ひどい内容だった。

そのため、これを結んだ幕府の井伊《いい》直弼《なおすけ》は、日本中の保守派から批判を浴びまくり、最後は過激な浪士たちに桜田門外の変で暗殺されてしまった。

そんなわけで井伊直弼は今でも評判の悪い

人物だが、じつは屈服したのはアメリカ相手ではなく、大地震だったとも考えられるのだ。

　不平等条約を結ぶまでの5年間。今の日本でも一番心配されている南海トラフ地震・津波（安政東海・南海地震）と、関東大震災クラスの安政江戸地震という巨大地震がダブルで起きていた。

『地震の復興に苦しんでいる人を守るためには、外国と戦争なんてしてられない』

　井伊直弼は、かくのごとく苦渋の決断を推し進めた、陰のヒーローだった可能性もあるのだ。

情報

問　サイトを検索するとき、芸能人の名前などが上位に表示されやすいのはナゼでしょう？（埼玉県M中学校）

（二股をかけて話題になるから）

正答例
人気があって様々なサイトにリンクがはられているから

それ、矢口限定！

英語

問　information を日本語に訳しなさい。

（？県？中学校）

（きれいなお姉さん）

正答
情報

デパートの受付嬢と間違えたようで。だとしたら、化粧が濃いという意味もありそう

# 珍解答ではございませんが…
# これぞ乾坤一擲！

社会

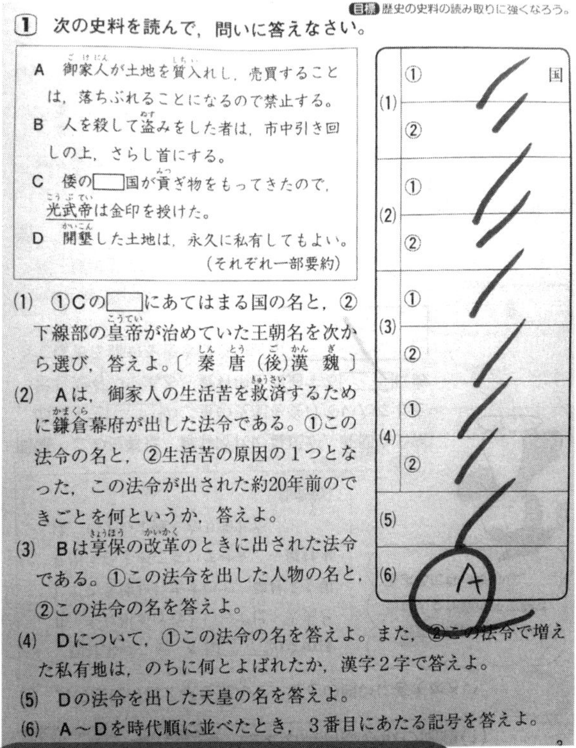

目標 歴史の史料の読み取りに強くなろう。

**1** 次の史料を読んで，問いに答えなさい。

A　御家人《ごけにん》が土地を質入《しちい》れし，売買することは，落ちぶれることになるので禁止する。
B　人を殺して盗《ぬす》みをした者は，市中引き回しの上，さらし首にする。
C　倭の□国が貢《みつ》ぎ物をもってきたので，光武帝《こうぶてい》は金印を授けた。
D　開墾《かいこん》した土地は，永久に私有してもよい。
（それぞれ一部要約）

(1)　①Cの□にあてはまる国の名と，②下線部の皇帝《こうてい》が治めていた王朝名を次から選び，答えよ。〔 秦《しん》 唐《とう》 (後《ご》)漢《かん》 魏《ぎ》 〕
(2)　Aは，御家人の生活苦を救済《きゅうさい》するために鎌倉《かまくら》幕府が出した法令である。①この法令の名と，②生活苦の原因の１つとなった，この法令が出された約20年前のできごとを何というか，答えよ。
(3)　Bは享保《きょうほう》の改革《かいかく》のときに出された法令である。①この法令を出した人物の名と，②この法令の名を答えよ。
(4)　Dについて，①この法令の名を答えよ。また，②この法令で増えた私有地は，のちに何とよばれたか，漢字２字で答えよ。
(5)　Dの法令を出した天皇の名を答えよ。
(6)　A～Dを時代順に並べたとき，３番目にあたる記号を答えよ。

| | | |
|---|---|---|
| (1) | ① | 国 |
| | ② | |
| (2) | ① | |
| | ② | |
| (3) | ① | |
| | ② | |
| (4) | ① | |
| | ② | |
| (5) | | |
| (6) | | A |

何にも答えがわからない。記号問題は…えーと、一問だけか。よし、Aだ！「なに？ 正解だったの？ うっひゃー！」ある意味、100点取ることよりも高い幸せを味わえたかもしれません

音楽

問　田舎の風景や農民を描いた、ベートーベンの交響曲第6番を通称『○○』という。（福岡県Y中学校）

田楽

正答

田園

田楽っつったら、やっぱり味噌ですかね。偉大な音楽家の舌に合うか、ちょっぴり心配ですが

国語

問　次の傍線部のカタカナを漢字にしなさい。（大阪府ー高校他）

①話をシンショウボウダイに伝える。

（新消防大）

正答　針小棒大

新しくできた大学か。実際にあってもよさそう

②カンゼンチョウアクの物語である。

（完全超悪）

正答　勧善懲悪

ひたすら人間が殺されて終わる救いのない物語。とにかく悪い

③敵に囲まれて第一線からシリゾク。

（尻族）

正答　退く

その一族はデカイんすか？

④庭にジョソウザイをまく。

（女装罪）

正答　除草剤

個人の趣味だから自由とはいえ…

問　英文を読み、問いに答えなさい。（？県？中学校）

John is fifteen now.
He has many friends in the junior highschool.
Judy is one of his classmates.
She speaks English and Japanese well.
Mary is one of his classmates,too.
She likes to study mathmatics.
John likes Judy and Mary.
Because they teach him homework.

ジョンは（　お　）と（　こ　）が好きである。

正答

ジョンは（ジュディ）と（メアリー）が好きである。

解答者は、ハナから問題文を読んでませんな。ジョンは、むしろ女好きだと思います。しかも理由が宿題を教えてくれるからという打算的な姿勢。将来はホストに決定でしょう

理科

問　冬になると北海道の網走や稚内、知床地方の沿岸部に流れ着くものは何ですか？（石川県K中学校）

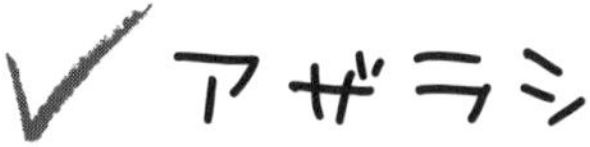


正答
流氷

他にも動物園から逃げ出したペンギンとか…

問　「ぬ」ではじまることばを書きましょう。（？県？小学校）

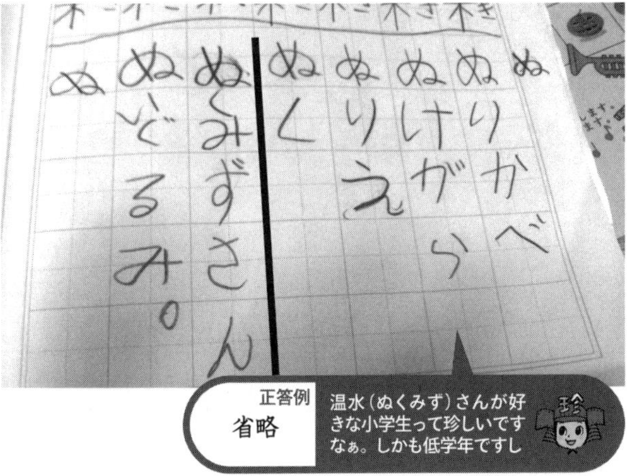

正答例
省略

温水（ぬくみず）さんが好きな小学生って珍しいですなぁ。しかも低学年ですし

問　読みがなを書きましょう。（?県?小学校）

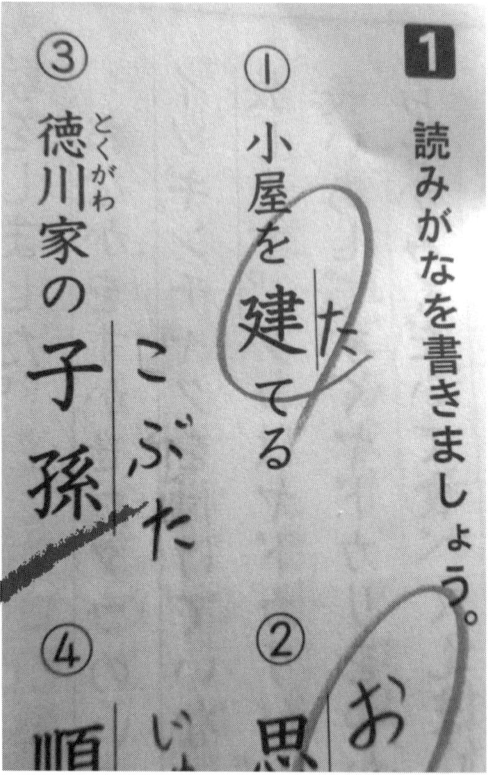
1 読みがなを書きましょう。

① 小屋を建てる　た

② 思　お

③ 徳川《とくがわ》家の子孫　こぶた

④ 順　じ

正答
しそん

徳川家は
豚さん一族で
したか…

国語

社会

問　戦後になって日本が高度成長期に突入すると、地方の農家の人々が冬場は都市部へ（　①　）に出ることが多くなった。（　①　）に当てはまる言葉を入れよ。（宮城県O中学校）

（ 夜遊び ）

正答
出稼ぎ

たしかに都会の夜は刺激的で魅力的かもしれません…

問「窮地に立たされ、相手の意のままに抵抗しない」ことを慣用句で『まな板の上の□』という。
□に適切な語句を埋めよ。（滋賀県S中学校）

まな板の上の恋

正答
鯉

苦し紛れに埋めた答えにしてはオシャレですね

国語

問　次の英文を日本語に訳しなさい。（愛知県M中学校）

Hi Mike! You are cool.

ヒッ、ミケ！
おまえは冷たい猫だな

正答

ハイ、マイク！
君はかっこいいよな。

Mike＝三毛猫ですか…。にしても、この文章、そもそもが妙な内容です。男友達を面と向かって持ち上げるなんて、褒め殺しか、はてはゲイ仲間か…。

問　エネルギー保存の法則の内容を記せ。（京都府Y中学校）

エネルギーをまず作る。
タッパーに入れるか、
つぼに詰めるかして、
暗いところで保存。
冬は常温でもOKだが、
夏はできれば冷蔵庫かな。

正答
エネルギーは種類が変わっても、その総量は常に一定である

物理の内容が家庭科に変わってます！漬物やないんやから

国語

問　次のカタカナ部分を漢字にしましょう。（神奈川県E小学校）

遠足当日、テンコウに恵まれる

（天功）

正答　天候

遠足先で引田天功が現れるなんて、どんな北朝鮮でしょうか

問　①に入る言葉を漢字で記せ。（神奈川県|高校）

『独眼竜』と呼ばれ、東北地方を平定した『　①　』は、その後、徳川家康の傘下に加わり、江戸幕府の設立を補佐した。

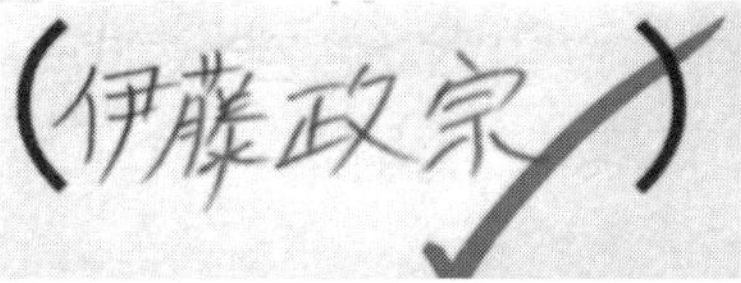


正答
伊達政宗

伊藤さんには失礼だが、とっても弱々しく見えるのはなぜだろう。テストが返却されるまで本人は気付かなかったとか

## 英語

問　以下の英語を日本語に訳しなさい。（？県？中学校）

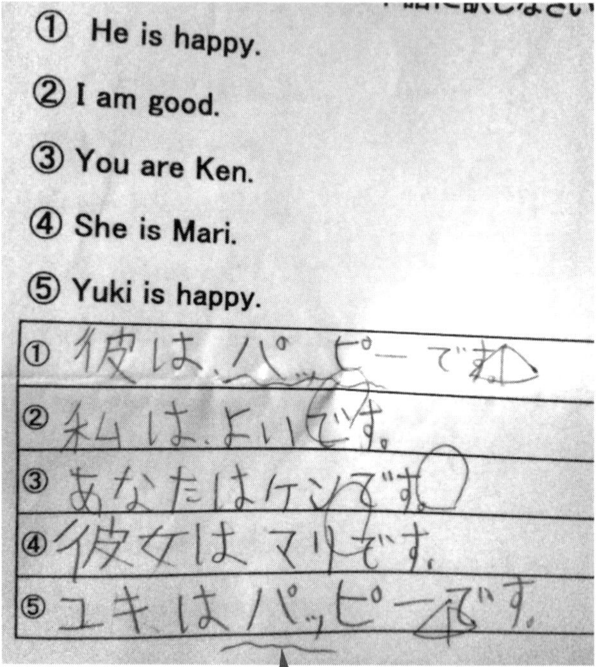
① He is happy.
② I am good.
③ You are Ken.
④ She is Mari.
⑤ Yuki is happy.

| | |
|---|---|
| ① | 彼は、パッピーです。 |
| ② | 私は、よいです。 |
| ③ | あなたはケンです。 |
| ④ | 彼女は マリです。 |
| ⑤ | ユキ はパッピーです。 |

正答
①彼は幸せ（ハッピー）です
⑤ユキは幸せ（ハッピー）です

はい！オッパッピー♪
小島よしおの影響、
意外にでかいなぁ

問　労働三権とは何か？ ３つ全て記せ。（京都府Ｆ中学校）

有休

ボーナス

社員旅行

社会

正答

団結権　団体交渉権　団体行動権

そりゃあ毎月積み立ててるんですから、行き先とか料理の内容とか、色々と口は出したいですよね。え、社員旅行は違う？ てか、全部違うか

問　古典文学の世界では、日本には独自の暦の表記がありました。
1月から12月まで、それぞれ正しい語句を記しましょう。（東京都E中学校）

一月（陸月）
正答　睦月《むつき》
危うく○をつけそうになります

二月（木更津）
正答　如月《きさらぎ》
キャッツアイかな

三月（やおい）
正答　弥生《やよい》
三月は腐女子の月じゃございません

四月（卵月）
正答　卯月《うづき》
点が多い！

五月（早月）
正答　皐月《さつき》
横棒が四本も足りましぇん

六月（皆月）
正答　水無月《みなづき》
梅雨なのに水が無いと覚えましょう

国語

七月（紋付）

正答　文月《ふづき・ふみづき》

暗記の仕方が間違ってます。文＝モンじゃありませんよ

八月（菜月）

正答　葉月《はづき》

里緒菜と間違えて欲しかった。古いっすね、ゴメンなさい

九月（長渕）

正答　長月《ながつき》

熱狂的ファンなのはわかりましたから真面目に解答してください

十月（モノマネの人）

正答　神無月《かんなづき》

ひらがなで書けばいいじゃん。もう、ウケ狙いはやめて下さい

十一月（下月）

正答　霜月《しもつき》

そのまま読むと、なんか下ネタになりそうな…

十二月（師歩）

正答　師走《しわす》

ふむふむ。師がゆっくり歩くほどノンビリした月ね…。って、思いっきり反対の意味ですがな

問　色のついた部分の面積を求めよう。（？県？小学校）

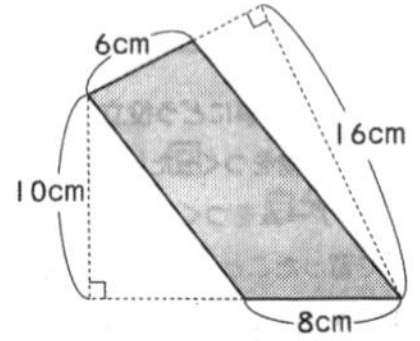
6cm
16cm
10cm
8cm

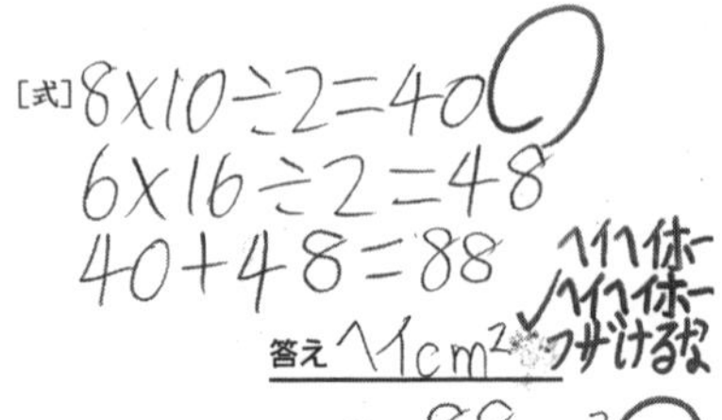
[式] 8×10÷2=40
6×16÷2=48
40+48=88
答え ヘイcm²
ヘイヘイ休ー
ヘイヘイ休ー
フザけるな
88cm²

⊾に注目して，底辺と高さのわかる２つの三角形に分けて求めよう。
図形の見方がわかったよ！もうカンでは解かないぞ！

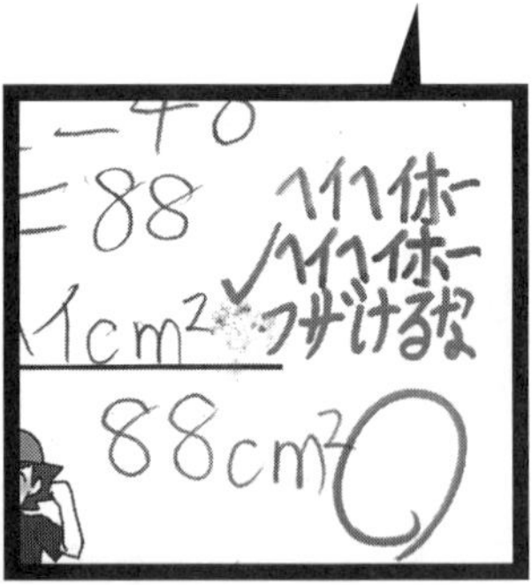
=88
ヘイヘイ休ー
ヘイヘイ休ー
フザけるな
ヘイcm²
88cm²

正答

88平方cm

反省する気ゼロ！
見ていて気持ちがいいほどです

## 5時間目

# 追試

## 板垣死すとも珍解答は死なず

板垣退助　元は土佐藩士。自由民権運動を引っ張り、庶民派政治家として人気を得る

問　『父帰る』などの文学作品を残したと同時に、文藝春秋社を興した実業家としても知られる、この人物の名は？（神奈川県K高校）

正答
菊池 寛

丸めがねにチョビ髭。あとはハゲ頭にすれば完璧ですね

こちらは本物のカトちゃん。やっぱ似てるわ…

社会

問　二酸化炭素が入ったビーカーの中に石灰水を入れた。どんな反応を示すか？（東京都Ｔ中学校）

（ビーカーが吹き飛ぶ　）

正答
白く濁る

どんだけ入れたんスか！

理科

問　四字熟語「じごうじとく」を漢字で書きなさい。
（神奈川県Ａ中学校）

次号地獄

正答
自業自得

ゴンがピトーにボコられるのか。ネテロ会長が死んでしまうのか…

国語

問　次の傍線部の漢字の読みをひらがなで答えよ。（東京都M小学校他）

① 毎朝、牛乳を飲む

（ぎゅうぬゅう）

ぎゅうにゅう

正答

伝えたいコトは痛いほどわかるんですが…

② 江戸時代の武士は刀を差していた

（たけし）

ぶし

正答

ジャイアンじゃないんだから

③ 壁の凹凸を平らにする

（てとりす）

おうとつ

正答

意訳しすぎです

④ 御伽草子には色々な物語があります

（おいかろそうこ）

おとぎぞうし 正答

勝手に漢字を分解しないでください

⑤ 人気の無い墓地に出向く

（にんき）

ひとけ 正答

墓地はタレントじゃありません

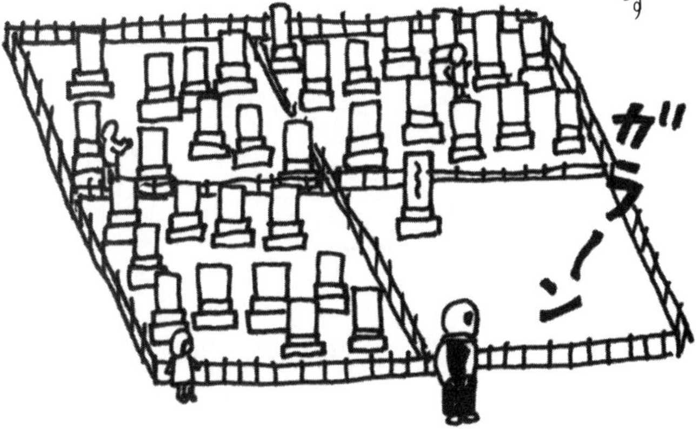

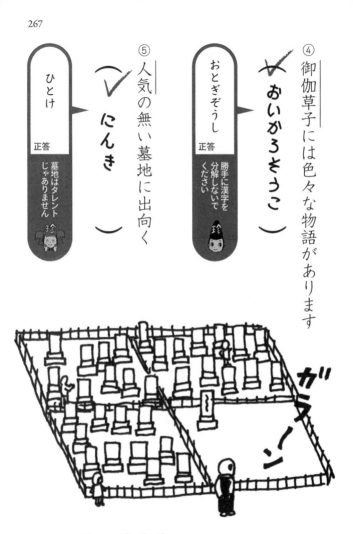

問　ヘビはハ虫類に属する生き物です。それでは、カエルは何類に属する生物でしょう。（静岡県Ｓ中学校）

きもちわ類

正答

両生類

そんなジャンルであっても
いいかもね。カエルだけでなく、
ゴキとかミミズとか

国語

問　『調子に乗せれば何でもやる』という意味のことわざは？（愛知県E中学校）

**（母）もおだてりゃ木に登る**

正答　豚

その解答用紙は母ちゃんに見せずに捨てたほうが良いと思います

問　函館の五稜郭に立てこもり、最後まで明治政府と戦ったのは誰か？（山口県S中学校）

**榎本式場**

正答　榎本武揚

結婚するならやっぱ榎本よね♪ 函館…ではそう言われておりません

社会

## 日本史鍋コラム

当コーナーでは、歴史上の人物や事件に対する、ちょっとした解説やトリビアを取り上げております。一応、文献に沿った内容ではありますが、おそらく試験の点数には直結しないため、間違ってもテストで書かないでくださいね。あとで苦情を言われても知りませんよ〜。

# 「天は人の上に人を作らず」？ はぁ？ んなこと私、言ってませんけど、何か

１万円札でおなじみの福沢諭吉（１８３５〜１９０１年）には、誰もが授業中に覚えさせられるセリフがある。

『天は人の上に人を作らず』

さぞかし立派な平等主義者に思えてくるが、実はこれ、大間違い。

『学問のすすめ』の中から、都合の良い一節だけを抜き出しており、本物の文章には続きがあるのだ。

「…人を作らずといわれているが、そんなことはない。勉強しないとドンドン差が付くのが現実だよ。だから、みんな勉強しようね〜」

って、センセー、それじゃまったく逆やないか〜い！

ただこれは、諭吉が悪いわけじゃない。都合よく一節だけを抜き出したマスコミの罪だろう。

結局、先生は「慶應ボーイになれば
モテまっせ〜」と言いたかったんですな

# 貴族の子供たちは登校拒否が当たり前でした

この世の中、学校へ行かないと色々と非難される。貧乏な家の子も、金持ちのボンボンも、マジメに通学するということが何よりの社会規範であるせいだろう。

ところが明治時代は違う。本来なら模範生と思われがちな、皇族や華族（元大名）など、貴族階級の子供たちが学校を休みまくっていたのだ。

明治時代のとある貴族用の学校で、皆勤賞

を取った生徒はゼロなどという記録も残っているほどだ。

しかも欠席の理由が、かなりぶっ飛んでいる。「同級生となじめない」なんて一般人の感覚ではなく、「雨が降ったから休む」「風邪ひきそう」という程度のお休みがザラだった。

貴族階級は、勉強に励むよりも、病気にならず、家を継ぐことが最優先事項だった。外に出て身体を鍛えた方がいいんでないの？と思うが、それこそ庶民の発想なのだろう。

いいなぁ、昔の貴族って…。

社会

問　下記ABの2名は、1945年の敗戦直後、日本の首相とその補佐としてGHQとの交渉事にあたった人物です。それぞれの名前を記しなさい。（千葉県N高校）

A　角野卓造

B　水谷豊

正答

A：吉田茂　B：白洲次郎

絵に描いたようなお笑いキャラと男前ですな。日本を窮地から救ったのは彼らだとも言われてます

問　太宰治の文学作品を一つあげよ。（群馬県N中学校）

だまれメロス

正答

走れメロス　人間失格　など

頑張ってる友達に向かってそれは酷いっス！

問　次の英文を日本語に訳しなさい。（静岡県S中学校）

Butter is made from milk.

強打者は牛乳を飲んで作られる

正答

バターは
牛乳から作られる

バターをバッターって読んじゃった。
乳搾りで握力を鍛えるところから
始めましょう

**国語**

問　次の○に適切な言葉をカタカナで埋めよ。（兵庫県K高校）

通常の雨天のような予測が困難で、局地的に突然降る大雨のことを『（ヤ）（バ）（イ）豪雨』という。

正答
ゲリラ

熱い！ヤバイ！
間違いです

また、その原因は、都市部の気温が異常な高温に達する『（サ）（ザ）（ン）（ア）（イ）（ラ）（ン）（ド）現象』と言われており、大雨はときに都市型洪水を発生させる。

正答
ヒートアイランド

ドレッシングじゃないんだから

問　きみはなぜ（1）のようにおもったのでしょう。（?県?小学校）

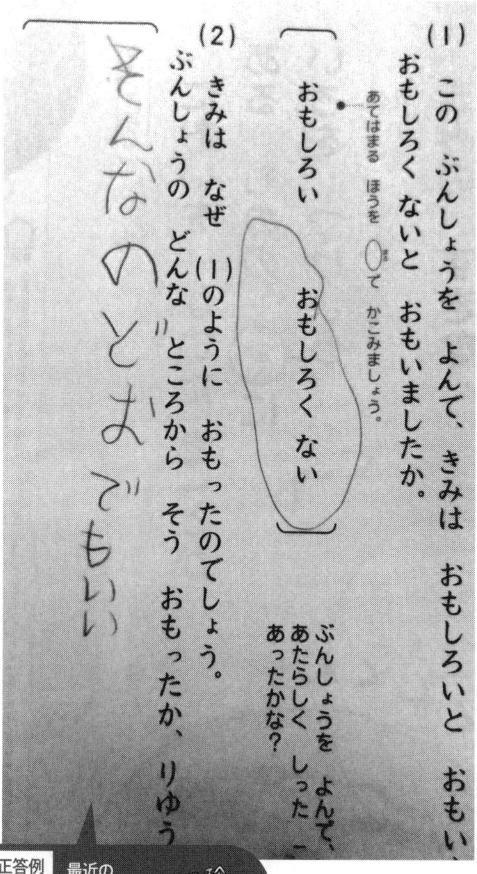
(1) この ぶんしょうを よんで、きみは おもしろいと おもい、
おもしろく ないと おもいましたか。
あてはまる ほうを ○で かこみましょう。
［おもしろい］
［おもしろく ない］
ぶんしょうを よんで、
あたらしく しった
あったかな?
(2) きみは なぜ (1)のように おもったのでしょう。
ぶんしょうの どんな ところから そう おもったか、りゆう
［そんなのどおでもいい］

正答例
省略

最近の
小学校1年生は
怖いです

国語

問　バスケットボールでボールを持ったまま3歩以上移動してしまうことを（　ア　）という。

（山形県Ｓ中学校）

ア（キャッシング）

正答

トラベリング

お金の借りすぎ、危ない！

問　走り高跳びにおける飛び方の一つで、身体の正面を地面に向け、バーを下に見ながら越えるのを何と言いますか。（神奈川県Ｙ小学校）

バタ－ロ－ル

正答

ベリーロール

給食のことしか頭にない生徒さんですね。これは、腹がグーグー鳴っちゃってるな

理科

問　海の水はどうしてしょっぱいのか？（宮城県K小学校）

魚が泣いたから

正答

塩がとけているから

笑うというより感動しました。心が洗われました。ありがとう

問　夏に来る台風は、様々な災害と同時に生活に恩恵をもたらしてくれます。その一例をあげましょう。（東京都F中学校）

（体育館や校舎の屋上に乗ったボールが落ちてくる）

理科

正答

ダムに水が補給される
土地に栄養分を運んでくれる

他に『窓を掃除してくれる』なんてメリットもありますな

英語

問　英文を和訳せよ。（東京都N中学校）

I am a stranger here.

私はここでは変人です

正答

私はここら辺は
不案内です

これは私も学生時代に
悩まされました。不案内なんて
日本語、普段使わんがな（´・ω・`）

## 国語

問　次の傍線部の漢字をひらがなで記しなさい。

（千葉県Z中学校）

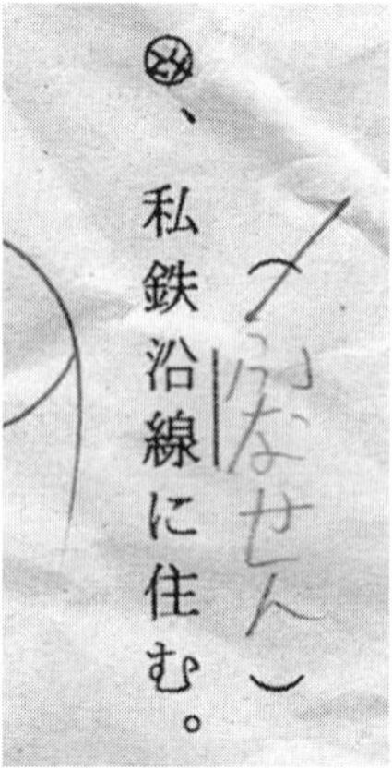


えんせん

正答

船と間違った。わかっちゃいても、堂々と書かれると吹いちゃう

問　東日本の茨城県から西日本の福岡・大分県までを結ぶ工業地帯を（　　　）ベルトという。

（？県？小学校）

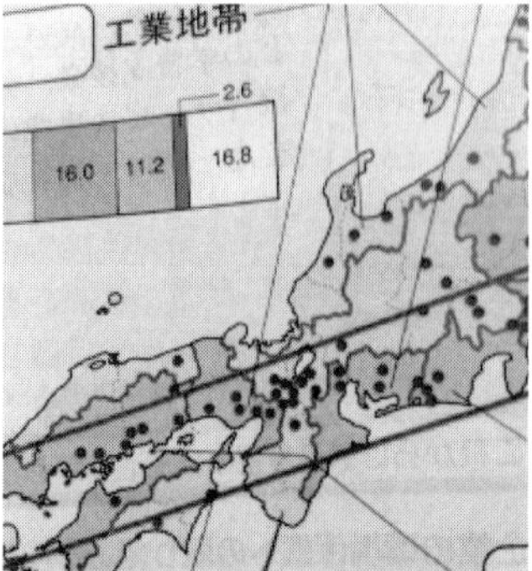


## 社会

太平洋

正答

それは「歌曲」を得意としたオーストリアの著名な作曲家さんです

問　この人物は明治時代からジャーナリストとして活躍し、國民新聞を主宰したことでも知られる。名前を答えよ。（神奈川県K高校）

大竹まこと

正答
徳富蘇峰

マジでご親類の方では…？

**家庭科**

問　左記のテキストを読み、自分の意見を述べよ。

（？県？中学校）

失敗例 2
とても気に入ったデザインで着心地もよい。でも，組み合わせる服がないので着られない。
手持ちの服を確認《かくにん》し，自分に必要な服をはっきりさせてから選ぶ。

省略

正答例

意見を述べるとしたら私はこうです。「こんなヒーロー戦隊みたいな服、誰も着れない！」こんなデザインの服、そもそも売ってるんでしょうか…

**国語**

問　□の中に漢字を入れて曜日を完成させましょう。

（？県？中学校）

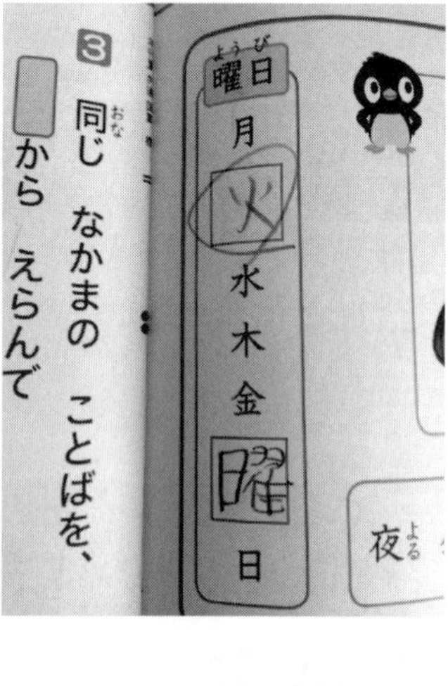
夜《よる》
曜日《ようび》
月
火
水
木
金
曜
日
3
同《おな》じ　なかまの　ことばを、
から　えらんで

火、土

正答

げつかー、すいもくと来たら、きんようびですなぁ

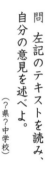

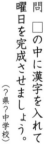

## 国語

問　次の□の中に正しい漢字を入れましょう。

（茨城県W小学校）

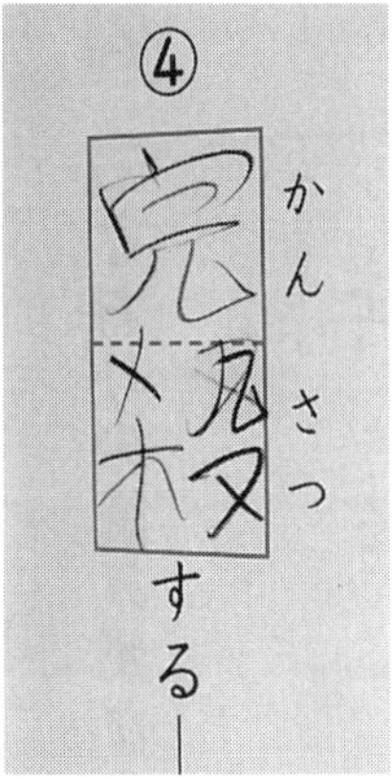


観察

正答

息の音を止めちゃうってことですね

## 社会

問　東北地方を旅をしながら著した、松尾芭蕉の代表作とも言える作品集を何というか？

（岐阜県K中学校）

奥の細道

正答

ジョージの兄貴っすか。なんで今の中学生が知ってんのよ

英語

問　次の文章を英文にしなさい。（？県？中学校）

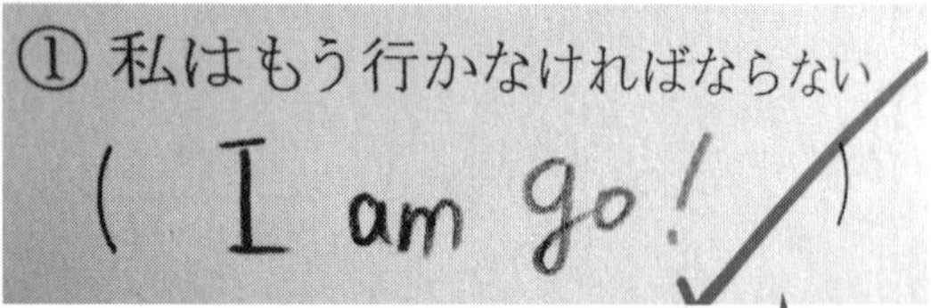
① 私はもう行かなければならない
( I am go! )

正答
I have to go now.

これは確実にヒロミ・ゴーさんですな

国語

問　かん字を書きましょう。（大阪府S小学校）

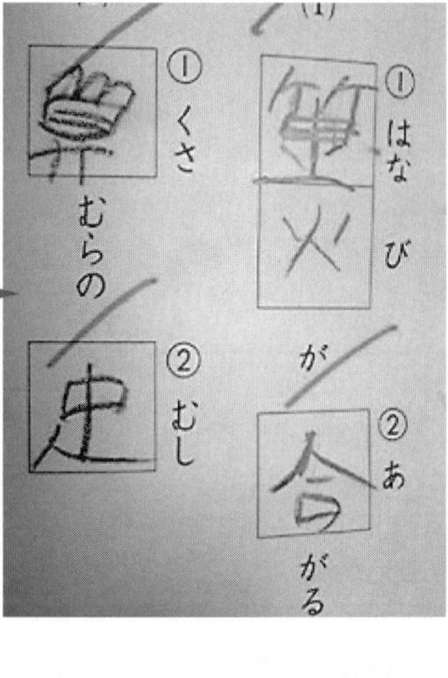
(1)
① はな 火 び が
② あ がる
① くさ むらの
② むし

正答
花火　上がる
草むら　虫

花の苦闘がすさまじい。草は漢字というより、かんむり部分が絵に近いですね。

国語

問　次のひらがな部分を漢字で記しなさい。（滋賀県Ａ中学校）

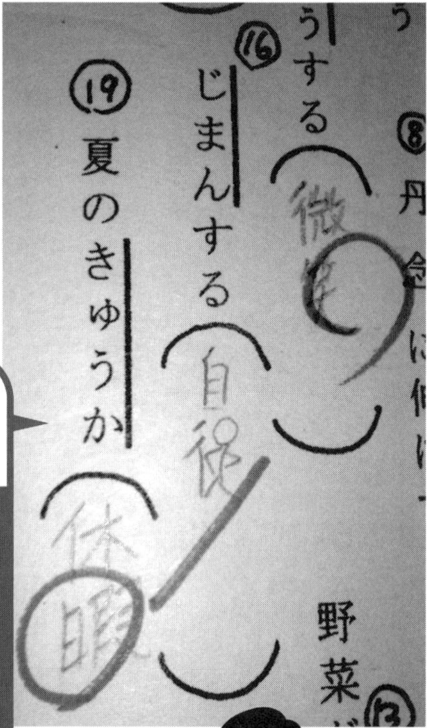


自慢

正答

腰に手をあて、完全に調子に乗ってます。これぞ現代の象形文字でしょう

鉄人文庫

# 爆笑
# テストの珍解答
# 傑作選


2019年 9月17日　第 1 刷発行

2024年 3月15日　第 2 刷発行

著　者　鉄人社編集部編

発行人　尾形誠規

編集人　平林和史

発行所　株式会社 鉄人社

〒162-0801 東京都新宿区山吹町332
オフィス87ビル 3F
TEL 03-3528-9801　FAX 03-3528-9802
http://tetsujinsya.co.jp

イラスト　和田海苔子

デザイン　細工場

印刷・製本　株式会社シナノ

ISBN 978-4-86537-171-0　C0176　©tetsujinsya 2024

本書は「爆笑 テストの珍解答 傑作選」（2015年1月、小社刊）を
加筆、修正、再編集し文庫化したものです。